文化品牌传播与价值评估

王宗水 张 健 著

·北京·

图书在版编目（CIP）数据

文化品牌传播与价值评估 / 王宗水，张健著. —北京：科学技术文献出版社，2020.12（2024.8重印）
ISBN 978-7-5189-7583-9

Ⅰ.①文… Ⅱ.①王… ②张… Ⅲ.①品牌—文化传播—研究 Ⅳ.① F273.2

中国版本图书馆 CIP 数据核字（2020）第 266146 号

文化品牌传播与价值评估

策划编辑：张 丹　责任编辑：张 丹　邱晓春　责任校对：王瑞瑞　责任出版：张志平

出　版　者	科学技术文献出版社
地　　　址	北京市复兴路15号　邮编　100038
编　务　部	（010）58882938，58882087（传真）
发　行　部	（010）58882868，58882870（传真）
邮　购　部	（010）58882873
官 方 网 址	www.stdp.com.cn
发　行　者	科学技术文献出版社发行　全国各地新华书店经销
印　刷　者	北京虎彩文化传播有限公司
版　　　次	2020 年 12 月第 1 版　2024 年 8 月第 3 次印刷
开　　　本	710×1000　1/16
字　　　数	149千
印　　　张	9.25
书　　　号	ISBN 978-7-5189-7583-9
定　　　价	48.00元

版权所有　违法必究

购买本社图书，凡字迹不清、缺页、倒页、脱页者，本社发行部负责调换

前　言

在国家重点研发计划项目"视听媒体收视调查与文化品牌评估理论与技术"（项目编号：2017YFB1400500）、北京市属高校高水平创新团队建设项目（项目编号：IDHT20190507）的资助下，本书对文化品牌传播和机制评估进行了探索性的研究，根据研究内容分为文化品牌传播和文化品牌价值评估两个篇章。

第一篇聚焦于文化品牌的传播。分析了文化品牌研究的发展现状，对文化品牌内涵和特点进行了归纳、梳理和总结，根据已有的理论界定了具有代表性的3类文化品牌，分别为老字号文化品牌、新兴科技文化品牌和资源依赖型文化品牌，基于品牌传播学分析文化品牌的传播过程，得到了3个文化品牌影响因素，分别为文化品牌标识、文化品牌规模和文化品牌特色。根据系统性、实用性、科学性和可操作性4个原则对3个文化品牌因素进行扩展和补充，得到文化品牌传播影响因素指标体系，以便更好地对文化品牌传播信息进行分类和评价。利用发放调查问卷的方式，收集和汇总整理了241位受众群体的基本信息和对文化品牌传播信息的看法，对数据来源和样本选取规则进行了描述。通过对SIR传播动力学模型的介绍和应用改进，建立了基于改进SIR模型的文化品牌传播和文化品牌传播机制。最后，提出文化品牌传播策略应包括注重文化品牌的特殊性、充分利用新媒体渠道、加大文化品牌的营销投入、建立即时的竞争策略4个方面。

第二篇主要聚焦于文化品牌的价值评估。阐述了文化品牌价值评估研究的现实需求及意义，通过社会网络分析法，梳理文化品牌价值研究的发展过程，在此基础上，对中外主要的品牌价值评价方法进行了归纳。通过对比分析，选择以Interbrand模型为基础，对文化品牌进行评估。然后，分析了文化品牌价值的研究边界，对文化品牌的价值形成过程进行分析，通过对影响要素的深入分析构建了文化品牌价值评估体系。通过 ANP 网络模型分析得到品牌作用指数、通过 AHP-BP 神经网络分析得到品牌强度。最后，选取新华传媒、华谊兄弟、新浪微博进行实证分析，对企业文化价值的评估提供了一定的参考。

本书是在国家重点研发计划项目和北京市属高校高水平创新团队建设项目支持的相关研究的基础上提炼而成，参与本书撰写与修订的主要成员有王宗水、张健、张可佳、张钰、邵昱姝、周海亮、彭宇楠、冯月阳、杨圣琴、张晓媛、马建炜、曹莫言等，全书由王宗水、张健确定研究框架并统稿。

目 录

第一篇 文化品牌传播

第1章 文化品牌的作用 ... 3
 一、文化品牌的界定 ... 5
 二、文化品牌影响因素和分类 ... 6
 三、基于社会网络分析的文化品牌研究趋势 ... 7
 四、文化品牌传播 ... 11

第2章 文化品牌传播机制 ... 15
 一、文化品牌界定 ... 15
 二、文化品牌传播形成机制 ... 20

第3章 改进SIR模型的文化品牌传播机制分析 ... 26
 一、文化品牌传播影响因素指标体系构建 ... 26
 二、文化品牌传播参数计算机制 ... 30
 三、SIR模型 ... 32
 四、基于改进的SIR模型的文化品牌传播模型构建 ... 34

第4章 文化品牌传播的仿真实验与传播策略 ... 37
 一、数据来源 ... 37
 二、大众文化品牌信息传播过程仿真分析 ... 40
 三、老字号文化品牌信息传播过程仿真分析 ... 46
 四、新兴科技文化品牌信息传播过程仿真分析 ... 50
 五、资源依赖型文化品牌信息传播过程仿真分析 ... 53
 六、多情景文化品牌仿真分析 ... 56

第5章 文化品牌的传播策略 ... 59
 一、注重文化品牌的特殊性 ... 59

二、老字号文化品牌要充分利用新媒体渠道 …………… 60
　　三、加大新兴科技文化品牌的营销投入 ………………… 61
　　四、建立资源依赖型文化品牌即时的信息竞争策略 …… 62

参考文献 ………………………………………………………… 63

第二篇　文化品牌价值评估

第6章　文化品牌价值评估的背景与意义 ………………………… 73
　　一、品牌价值研究现状 …………………………………… 75
　　二、国内外主流品牌价值评估方法 ……………………… 78

第7章　文化品牌价值影响因素与指标体系 ……………………… 87
　　一、文化品牌内涵与形成机制 …………………………… 87
　　二、文化品牌价值来源 …………………………………… 89
　　三、文化品牌价值实现过程 ……………………………… 91
　　四、文化品牌价值影响因素 ……………………………… 93
　　五、文化品牌价值评价指标体系构建 …………………… 98

第8章　改进 Interbrand 文化品牌价值评估模型 ……………… 105
　　一、现有 Interbrand 模型特点 ………………………… 105
　　二、改进原则与改进思路 ………………………………… 106
　　三、沉淀收益确定 ………………………………………… 107
　　四、ANP 网络层次分析法确定品牌作用指数 ………… 108
　　五、ANP 网络模型构建 ………………………………… 110
　　六、AHP-BP 神经网络预测品牌强度 ………………… 112
　　七、AHP-BP 神经网络模型构建 ……………………… 117

第9章　改进 Interbrand 模型的应用 …………………………… 121
　　一、行业概况及评估对象 ………………………………… 121
　　二、模型应用 ……………………………………………… 122
　　三、品牌作用指数的计算 ………………………………… 124
　　四、品牌强度的计算 ……………………………………… 125
　　五、评估结果与分析 ……………………………………… 131

参考文献 ………………………………………………………… 135

第一篇

文化品牌传播

第 1 章　文化品牌的作用

随着经济市场的竞争日趋激烈，我国更加重视国家文化软实力的提升。习近平总书记在中共中央政治局第十二次集体学习时强调，提高国家文化软实力，不断推进文化事业繁荣发展，关系"两个一百年"奋斗目标和中华民族伟大复兴中国梦的实现[1]。而文化软实力的重要标志就是文化品牌，文化品牌效应对地区的竞争力、吸引力发挥决定性作用[2]。就像文化传播学者梅·希约特说的那样："只有当我们用自己的特色展现自己时，才可指望得到别人的认同。"[3] 当前，建立具有文化底蕴、高影响力的文化品牌是提升我国文化软实力的重要途径。

当前文化类企业大规模崛起，2016 年全国文化及相关产业增加值为 30 785 亿元，比上年增长 13.0%，对促进经济转型升级、平稳健康可持续发展发挥了重要作用[4]。文化产业需要从产品差异、消费者需求、品牌创新等方面进行变革[5]。当下，文化产业要实现发展模型的突破，既要立足文化的特点，又要突破单纯的产业发展模式，需要建立自主品牌的品牌化战略性导向，即建立文化品牌。文化品牌是在文化建设过程中形成的具有独特性和广泛影响力的文化象征，结合了文化层面的精神价值和品牌层面的市场价值，能够更深入地发展文化产业。

为了实现文化产业的特色发展，以满足不同地域加快城乡协调发展的文化需求，要建立具有自主创新的文化品牌，而文化品牌本身就带有传播属性，具有鲜明的文化附加值，需要进行有效的传播才能更好地提高影响力、竞争力和社会认同感。文化传播是价值传递的主要途径，传播方式多样，可以通过广告、公关传播或社交网络方式进行传播。而其中的社交网络传播形式，即采用自媒体方式通过消费者的口碑进行信息传递和分享，最终呈现出爆发式的信息传播形式，这是最有效的传播方式之一。在文化品牌的传播过程中需要结合自身特性和时代发展特点，这样才能在传播过程中收获更多的认同。

文化品牌传播是为了形成企业与消费者之间不可分割的纽带，保证传播效果的最优化,而传播理论的研究就是帮助把握文化品牌在消费者心理构建的过程,促进消费者对文化品牌认知度和喜爱度的提升,调整消费者对文化品牌信息的积极反应。传播理论在文化品牌研究中的大量应用,为文化品牌的传播提供了新的传播媒介和途径,提供了社会化媒体渠道,增加消费者对文化品牌偏好提升的理论依据及传播策略的基础理论分析,奠定了依靠社交网络提高文化品牌传播效果的基础。

目前,对文化品牌传播的研究主要集中在强调文化品牌传播的重要性和单纯的借助营销手段进行简单的说明,而整个传播过程中的品牌标识、产业规模、文化特色的传播机制却被忽视了。同样结合外部环境信息和内部资源进行有效传播,以及对文化品牌传播特征的界定依然模糊,没有系统性地研究文化品牌传播机制和影响因素,没有对文化品牌实施合理的定位。因此,基于信息传播学模型的改进建立文化品牌传播模型,对文化品牌传播进行要素分析,对传播特征和策略进行针对性地研究是有必要的。

当前我国文化产业创新发展过程缓慢、发展不平衡、产品附加值少、影响力弱等问题,使得我国文化产业发展、国家文化软实力的提高受到制约。文化品牌是加快文化类企业产业集约化升级的内在核心,有利于文化产业的创新发展。而如何促进文化品牌自主创新,文化产业如何助力其自主文化品牌的有效传播,如何对 SIR 模型进行改进以构建文化品牌信息传播模型,探究新环境下影响文化品牌信息传播的主要因素、传播特点及阈值等问题亟须解决。因此,从文化品牌的角度研究信息传播特性及主要影响因素,明确文化品牌传播的内在机制。结合系统动力学 SIR 模型,构建文化品牌传播模型,探究新环境下影响文化品牌传播的主要因素、传播特征及传播策略。通过仿真实验分析,丰富和完善文化品牌传播的相关理论,同时为文化产业依据自身类型特点传播文化品牌提供一定的理论依据和管理启示,具有重要的现实意义。

近年来,越来越多的学者提出文化类企业需要通过建立文化品牌取得成功,以改变传统产业的竞争方式和规则,对经济发展产生了重要的影响,在文化类企业中构建文化品牌和进行相应的传播逐渐成为学术界和产业界关注的热点。然而,如何对文化品牌传播效果进行提升、传播特征及传播策略的针对性研究,是我国文化产业实现转型的必要途径。

本章基于文化品牌影响力不足、宣传推广效果欠佳、分类不清等现实问题,按照文化品牌的界定、文化品牌的影响因素和分类、基于社会网络分析的文化品牌研究趋势、文化品牌传播模型等对现有研究进行分类评述。

一、文化品牌的界定

"品牌"一词由 David Ogilvy 于 1955 年在《形象和品牌》中首次提出。而美国市场营销协会（AMA）在 1960 年出版的《营销术语词典》一书中"品牌"定义最具权威："用以识别一个或一群产品或劳务的名称、术语、象征、记号或设计及其组合，以和其他竞争者的产品或劳务相区别。"[6]

随着对品牌研究的深入，学者们开始越来越关注如何在文化领域运用品牌化理念。Alden 等早在 1999 年就已经在研究文化与品牌之间的关系，提出了一种新的品牌定位策略，称为"全球消费文化定位"（Global Consumer Culture Positioning，GCCP），GCCP 策略是指将品牌作为一个指定的全球文化符号，可以在日益全球化的市场中影响品牌价值[7]。Gammoh 等人研究认为 GCCP 是消费者最能接受和最受吸引的消费策略。Rajagopal 阐述了强大品牌战略定位中最重要的因素，其中之一就是文化价值观[8]。因此，在全球市场规模中，品牌定位是对文化最重要的影响之一[9]。

目前，学术界对文化品牌的概念还没有形成一个统一的界定。Holt 指出文化品牌是"指导品牌建设成为文化标签的一系列原理和战略性标准"[10]。柏定国认为文化品牌是"以某种特点的文化产品名称、标志和符号等为特征，这是一种具有较高文化内涵的特有文化标志，构成文化品牌的专有性、排他性和可识别性"[11]。王钧等认为文化品牌是指具有独特文化内涵的品牌产品，即消费者不仅有物质享受，还有高文化附加值的精神享受[12]。谢京辉认为所谓文化品牌，即赋予品牌深刻而丰富的文化内涵，以建立鲜明的品牌定位，并利用文化传播途径，创造品牌信仰，最终拥有强烈的品牌忠诚度[13]。因为中国有上下五千年的文明史，各大文化名城、民族特色文化和因此孕育而生的新型文化产业都体现着独特的文化底蕴，由此创造出赋予了独特文化价值的文化产品，以此为基础进行品牌化定位，形成了具有创新性的文化品牌，这是国内学者对文化品牌内涵研究的核心。

当前在文化品牌内涵研究方面具有影响力的研究还相对较少。加上市场和文化环境的不同，国外以品牌产品见长，在世界品牌排行榜中，产品绝大多数都来自美国和欧洲大国，相对于中国，历史文化并不是其他国家的优势所在，所以国外学者的研究则以品牌产品为基础，对其文化影响力进行研究,而文化品牌的研究还处于起步阶段。国内学者的研究则以鲜明的传统文化为导向,在此基础上加以深化,创造出具有独特文化意义的品牌,以此彰显中国身为文化大国的优势和地位。

二、文化品牌影响因素和分类

(1) 文化品牌影响因素与定位

当前国内外对品牌影响因素的研究在经济层面上可以引申到对品牌价值的研究,通过对品牌影响因素的研究,学者 Kevin Lane Keller 将品牌价值按照产品视角进行影响因素的分析,具体包括价格策略、产地、产品组合等因素[14]。通过对品牌影响因素的研究为文化品牌影响因素的分类梳理提供了理论基础。

但对于文化品牌影响因素的研究尚不完善,通过上述对文化品牌概念的界定研究进行详细的梳理可以发现,文化品牌影响因素按照不同的视角可以分为文化内涵、企业规模与品牌价值3类。宋洋洋等则将文化品牌按照市场表现、社会效益、消费者互动和企业实力进行定位分析,具体包含了销售额、特色指标、全国性奖项、传播先进性、民族性、教育性、品牌知名度、品牌满意度、品牌忠诚度、营业收入、利润总额和税收收入等要素[15]。韩智慧则针对4类不同文化品牌的特点分别定义了影响因素,包括品牌个性、社会价值、品牌效应、人文生态环境和民族文化等要素[16]。可以看出,对于消费者而言,最关注的是服务体验、服务质量等直接涉及满意度的因素,以及文化品牌区别于其他产品所特有的文化属性。对于企业而言,最重要的影响因素有企业形象、品牌价值、资源类型、市场地位等对企业规模体现的因素。对于品牌而言,需要关注到产品、品牌标识、人物代表等体现品牌个性的属性。

(2) 文化品牌类型

当前对于文化品牌类型的区分还不够科学系统。我国文化品牌目前表现出"两头大、中间小"的发展失衡状态,"两头大"是指传统的老牌文化品牌,如国粹等传统文化品牌的世界认同度高,同时,与新兴科技相结合的新品牌,如腾讯、阿里等新媒体品牌成长快速;"中间小"是指资源依赖型的文化行业如文化旅游、民族民间艺术等占比很大却形成的品牌较少,依赖于商业化运营，只表现出娱乐性的文化。我国文化品牌的发展需要把握并抓住新的契机，选准适合品牌自身成长的模式，制定并实施更加有效的文化品牌创新发展路径和对策[17]。

目前对于文化品牌类型的分类主要从主体、行业层次和内容3个视角进行了研究。从主体上文化品牌分为国家文化品牌、城市文化品牌、社区文化品牌、企业文化品牌、校园文化品牌、机关文化品牌[18]；从行业层次上文化品牌分为电影业、电视业、演艺业、娱乐业、动漫业、游戏业、网络文化业和文化会展业[15]；从内容上文化品牌分为娱乐型文化品牌、创意型文化品牌、旅游型文化品牌和原生型文化品牌[16]。因此，基于文化品牌的特征与发展趋势进行全方位的分类定位还未得到有效研究，仍存在研究空白，而对文化品牌的综合分类有助于针对性地提出传播策略，更好地传播文化品牌信息。

三、基于社会网络分析的文化品牌研究趋势

为了进一步探究比较文化品牌研究内容的动态演化过程及未来趋势，采用的文献样本数据来源于中国知网（CNKI）数据库，通过高级检索设定检索条件，分别以文化品牌为主题、篇名、摘要及关键词，4个检索条件为"或"的关系，检索时间为2020年1月8日，同时将搜索词设定为精确模式，将来源类别设定为SCI、EI、核心、CSSCI（含拓展版）。检索结果共为2370篇文献，经过人为判断和数据预处理，删除内容特征不完整及与研究内容不相关的论文，最终得到有效文献1759篇，其每年发文量如图1.1所示。

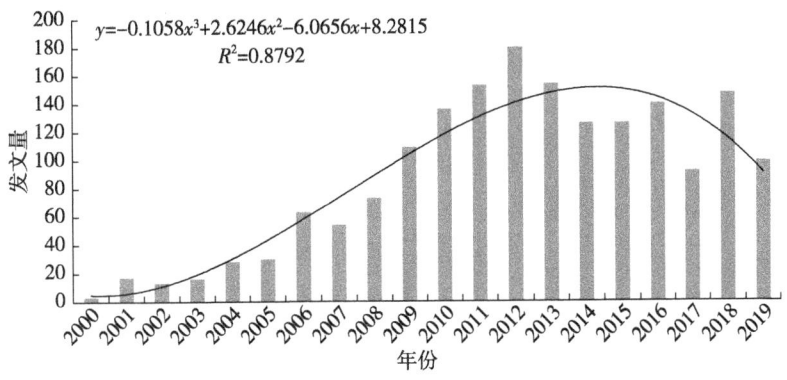

图1.1 2000—2019年发文量统计

根据图 1.1 中论文的年发文量增长趋势变化曲线,可以看出文化品牌相关的研究整体呈上升趋势达到峰值后开始下降,趋势线方程 $y=-0.1058x^3+2.6246x^2-6.0656x+8.2815$,其 R^2 值为 0.8792 接近于 1,表明回归方程拟合度较好、可靠性较高。本次研究参考 Dehdarirad 等使用的方法[19],根据年发文量的变化,将文化品牌研究划分为 2000—2008 年、2009—2012 年和 2013—2019 年 3 个阶段。通过进一步对比分析发现文化品牌研究初期,由于相关理论的不足和当时社会对文化领域认知的缺乏,导致相关学术文献发文量较少,在文化品牌研究过程中,由于"十二五"规划期间国家对文化产业的大力支持,所以 2012 年是实现中国文化产业数量倍增的关键之年,学者们对文化产业的研究逐渐增多,相关文献也逐渐达到了顶峰,而党的十八大对文化产业的高度重视,也使得 2016 年有着明显的文献增长趋势。

为了研究的一致性,主要选取词频≥5 的关键词,采用 Pajek 软件,计算出 3 个阶段各个关键词的中心性,王宗水等[20]的方法将中心性划分为 3 个层次,其中,核心层节点为 $Cc(v_n) \geqslant 0.60$ 的黑色节点,中间层节点为 $0.50 \leqslant Cc(v_n) \leqslant 0.60$ 的灰色节点,边缘层节点为 $Cc(v_n) < 0.50$ 的白色节点,并分别在图 1.2、图 1.3 和图 1.4 中展现出 3 个阶段的关键词中心性层次分布网络。

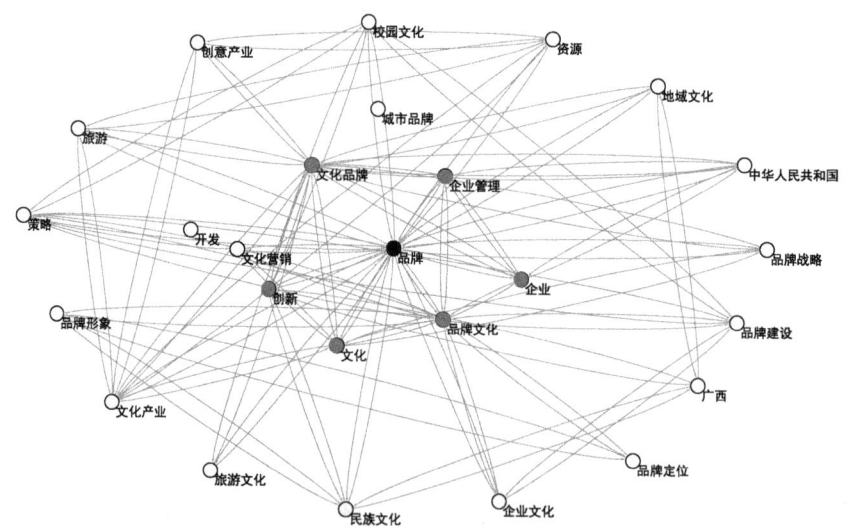

图 1.2 阶段一关键词中心性网络结构

阶段一:2000—2008 年

通过统计得到,关键词词频大于或等于 5 的节点一共有 26 个,其中 1

个核心节点是品牌，有 17 个边缘层节点。由此可见，在此阶段研究的集中程度并不高。通过分析网络节点，发现品牌、文化品牌、品牌文化、文化等体现文本类别的节点都保持着较高的度，表明与其他节点连接程度相对密切，处于比较重要的位置。虽然文化产业、民族文化、策略、校园文化、品牌建设、旅游等边缘层节点的中心性较低，表明不是当前阶段的研究重点，但它们的度相对较高，与其他关键词的连接较为紧密，因此也是阶段一中关注度较高的研究点。

阶段二：2009—2012 年

该阶段词频大于或等于 5 的节点共有 55 个，其中核心层节点有 3 个，为文化产业、品牌、文化品牌。此阶段边缘层节点 44 个。结合节点的网络连接分析，发现品牌、文化产业、文化品牌、文化软实力、资源、文化创意等关键词具有较高的度，表明此阶段这些研究点与其他关键词的连接更为密切。同时一些新的研究点逐渐得到关注，比如云南、城市文化、区域文化、自主品牌等。而且相比阶段一，阶段二中与地域相关的关键词明显增多，如山东、云南等地区。

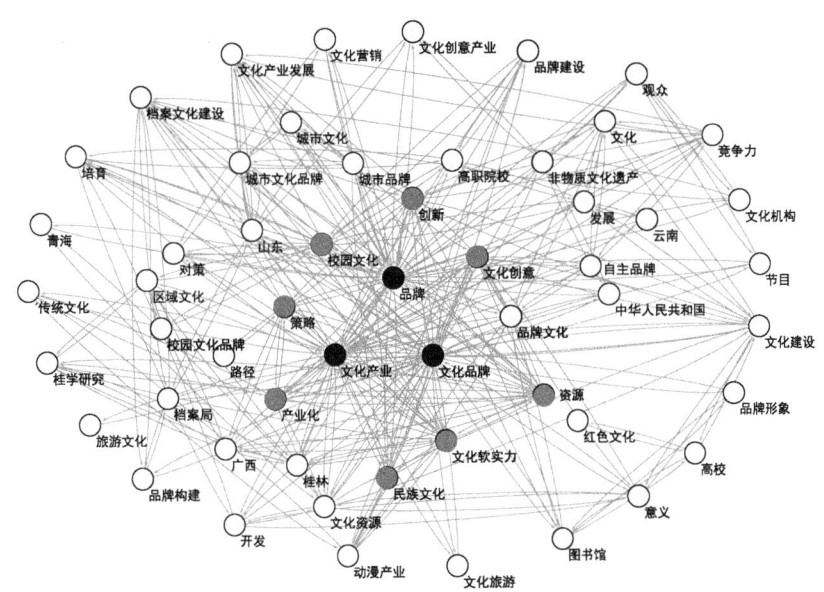

图 1.3 阶段二关键词中心性网络结构

阶段三：2013—2019 年

该阶段关键词通过词频统计，词频大于或等于 5 的节点共有 90 个，同阶段二相比有增加的趋势。核心层节点只有1个，为文化品牌；边缘层节点为86个，表明文化品牌相关的研究领域趋于多样性和分散性。总体而言，文化品牌的主要研究领域为文化品牌、文化产业、创新、文化软实力等节点仍具有较高的研究热度，同时也有一些新的研究点被学者们关注，如新媒体、文化传播。而且，旅游文化、民族文化等与文化产业相关的节点在3个阶段都出现且均为高频关键词，说明与文化产业相关的研究点是文化品牌研究的重点，并且在第三阶段出现了体育产业、文化创意产业等与文化产业相关的新节点，说明文化产业在文化品牌的研究中不仅仅是重点而且是热点。

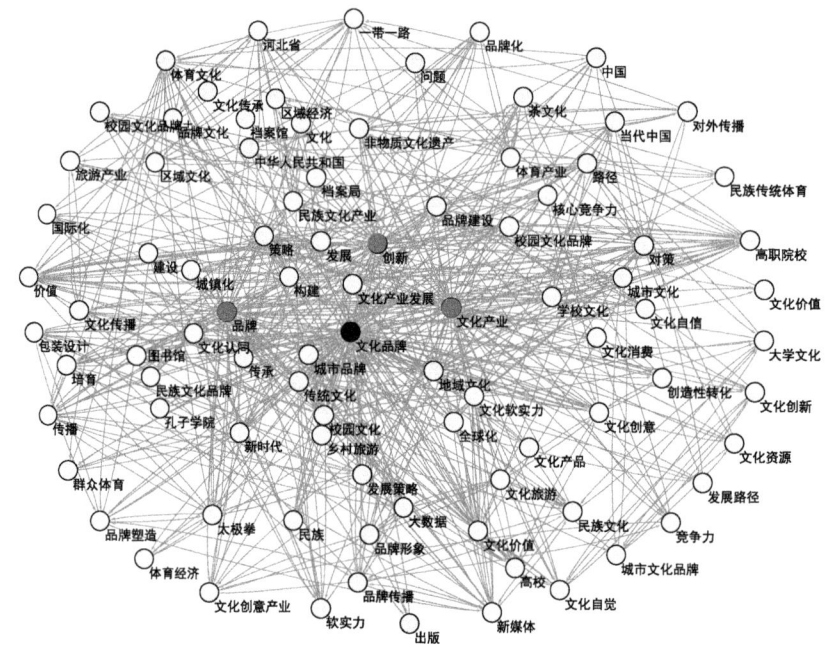

图1.4 阶段三关键词中心性网络结构

通过分析3个阶段关键词网络的网络密度、网络集聚系数和网络平均度，进一步对文化品牌研究内容的整体发展趋势进行研究，结果如表1.1所示。

可以看出，阶段一的关键词网络密度最大，表明阶段一关键词在整体上紧密度较高；网络集聚系数从阶段一到阶段三依次降低，这反映出每个关键词与相邻关键词之间的联系程度在3个阶段中呈现依次降低的趋势；阶段三的网络平均度最高，表明阶段三的关键词之间的直接连接数量最多，反映出阶段三的研究点相对较为分散。从总体来看，文化品牌相关研究点的研究趋势随着阶段的变化开始逐渐趋于多元化。

表1.1 3个阶段关键词网络结构特性指标统计

网络特性指标	阶段一	阶段二	阶段三
网络密度	0.2160	0.1339	0.0822
网络集聚系数	0.3016	0.2698	0.1809
网络平均度	11.2307	14.7273	14.8000

自2000年以来我国学者对文化品牌的研究取得了快速的发展，尽管在初步阶段研究还相对较少，且起步相对较晚，但是发文量明显逐年增长，所涉及的领域也呈现区域多样化的特征。通过社会网络分析方法进行实证研究，对各阶段的特点进行对比分析，研究结果表明对文化品牌研究的发展趋势表现为：传统的领域始终保持较高的关注度，如区域文化、民族文化等，而具有时代特征的研究在不同阶段也成为热点，如全球化[21]、文化传播[22]、新媒体[23]等。但是学者们更多的研究还处在理论研究上，仅是针对各个城市的文化特征进行介绍和品牌推广，对文化产业利用品牌效应得到提升，对于文化品牌相关的评价和技术方法还处在探究阶段，仍需进一步的研究展开。

四、文化品牌传播

近年来，随着互联网时代的发展，大数据等科技工具不断深入在各个领域范围内，使得消费者拥有更加便捷的自主权和选择权，形成了信息对称的消费市场结构，企业和消费者之前的连接更加紧密、传播途径更加多元化、时效性大大增强，为市场、消费者、企业的文化品牌传播带来了挑战的同时，也带来了更多的发展空间[24-25]。本章基于传播效果提升的目的从文化品牌传播策略和文化品牌传播模型两个方面对现有文献进行梳理。

（1）文化品牌传播策略

当前，对于文化品牌传播策略的研究仍处于研究初期阶段，针对不同行业、不同领域、不同地域的文化品牌传播策略进行了分类阐述，研究比较分散、行业普遍性较强，但研究结果对于文化品牌传播策略仍存在一定的通用性。大部分学者按照传播链将文化品牌传播策略分为传播主体、传播途径和传播内容 3 类进行阐述。

按照传播链的构成进行划分,可以将文化品牌传播策略分为传播主体、传播途径和传播内容 3 类[26]。对于传播主体企业而言,应充分考虑"用户需求",及时获取用户对于企业文化品牌的需求,提升产品质量和服务体验,提升顾客感知程度,提升消费者体验好感度。对于传播途径而言,应充分利用"数据思维",利用大数据技术将消费者行为与信息传播方式紧密结合,针对消费者偏好进行针对性推荐,采用新媒体营销与传播营销相结合的方式,打造多样化、立体化的传播环境[23]。对于传播内容而言,应充分挖掘文化品牌的"文化价值"和"品牌个性",注重文化价值附加值体现,可以提升差异化体现,寻求目标消费者认同[27-28],注重品牌个性,可以提升竞争优势,具备扩展性、价值稀缺性与难以模仿性的特征[29],还可以建立品牌形象将传播信息潜移默化地传送给消费者[30]。另外,可以借助政府部门的扶持,扩大产业集群的竞争力,同时借助文化形象强化自身市场定位,不断强化影响力度[31]。还可以从不同空间维度的视角分析消费者在文化品牌传播中拥有不同文化背景的消费者对产品、品牌价值、文化认可的认知[32]。

(2) 文化品牌传播模型

当前,随着文化品牌研究的发展,国内外学者对文化品牌传播理论及应用的研究不断深入,如文化品牌传播路径[33],企业文化品牌传播流程[34],以及传播理论模型的应用,如基于"五W模式"[35]、传播心理距离理论[36]研究文化品牌的传播测度,提出了进一步提高文化品牌传播力度的方式。通过以上的文献研究分析,得出对于文化品牌传播的研究还处于起步阶段,大部分学者仍然在研究文化品牌传播的重要性和利用大众传播途径来解决文化品牌传播出现的困境,通过传播动力学模型和系统仿真方法对文化品牌传播机制的研究尚无人涉足。由于文化品牌传播是企业向消费者传递文化品牌信息的过程,且学术界对于品牌传播的研究沿用了信息传播领域的方法,因此对文化品牌传播的研究采用相关方法进行深入研究。

现有大部分传播模型都是在经典传染病模型 SI、SIR 等基础上进行改进研究。传染病动力学模型最早由 Kermack 与 McKendrick 对黑死病传播规律的研究中提出的,因其具有较强的适用性及可塑性,国内外学者对 SIR 模型的理论展开了大量的研究和探索工作,如 Qian 等通过改进 SIR 模型研究在复杂网络中基于不同传播速率、抑制速率、独立传播者密度和网络平均度下的谣言传播范围[37],Yuan等分析了复杂网络上具有出生率和死亡率的SIR模型的全局稳定性[38],Liu等研究了基于复杂网络SIR近似模型的最优接种策略,得到了控制疾病传播的临界接种率[39],Dottori等分析了动态网络上个体间局部和全局接触的随机SIR模型,分析了网络性质对稳态特性的影响[40],Giamberardino等通过在SIR传染病模型中引入成本指标,根据疾病的严重程度进行加权,进而合理利用有限资源提出最优的疫苗接种策略[41]。关于文化与品牌传播的研究,杨艳平通过构建文化嵌入的SIR数理模型探讨了文化嵌入对集群创新网络的调控策略[42],张乾等结合品牌传播特点提出"双感染"模型,分析传播信息与传播渠道在个体的传播过程[43],宋波等研究了基于口碑效应的品牌扩散传播模型[44],East等利用经典病毒模型研究了品牌的正面口碑传播机制[45]。

利用系统仿真方法对文化品牌传播模型的研究,有助于通过可视化形式更加清晰直观地描述文化品牌信息传播过程中的网络关系。当前,已有学者基于系统动力学模型进行系统仿真进行模型验证或关系分析,江诗松等通过构建国有和民营2类异质后发企业创新能力动力学模型,利用系统仿真分析研究得到非线性特征[46];王展昭基于小世界网络仿真情境下,运用多智能仿真方法对品牌竞争与新品牌扩散之间的影响关系进行分析[47];揭丽琳等基于可靠性和区域间定量关系模型,建立了三维差别定价系统动力学模型应用于企业保修策略仿真研究进行验证模型的有效性[48];朱桂龙等通过构建系统动力学模型对生态租金变化在产业集群生态演化过程中进行系统仿真验证研究[49]。还有学者借助系统仿真方法结合影响因素进行研究,如彭慧洁等创新性地提出"用户接受阈值"及关系动机影响因素,通过改进SIR模型仿真描绘微信朋友圈的信息传播过程[50]。此外,还有学者基于不同情境下的分析研究,如王长峰等揭示了不同情景下意见群体演化的特征,建立了群体意见竞争演化模型SInR[51]。

当前,文化品牌传播的效果亟待提高。现有的文献研究对文化品牌概念、影响因素及分类等方面的研究还不够系统全面,对文化品牌传播效果和传播策略的研究也处在研究初期,多针对不同产业、不同领域、不同地域的文化品牌进行资源特征及策略的理论研究,未结合多类文化品牌的不同侧重点和影响因素细分进行分类研究,应用的传播理论过于单薄,未能对文化品牌传播进行深入研究,且传统的品牌传播策略已经无法与互联网时代的信息传递方式相适应，无法快速捕捉到文化品牌在传播各阶段的需求变化和提升市场竞争力的变化因素，无法即时在快速变化的新时代快速转变传播策略。

品牌传播模型是网络时代社交媒体快速发展的时代下增强文化品牌传播效果的发展方向。现有仿真实验研究与信息传播模型在品牌传播研究中的实际运用，仅研究了品牌的传播机制，未能详细说明传播机制和传播特征，且少有研究结合文化品牌影响因素针对不同类型的文化品牌进行针对性地传播机制和传播策略的分类研究。在互联网快速发展的时代下，大数据、机器学习等前沿技术将传播速度和传播力度大大提高，多元化社交媒体为传播渠道提供了更为多样化的传播途径，打通了信息传播枢纽，为文化品牌传播提供了与消费者更加贴近的传播渠道。因此，仅仅利用传统传播方式难以应对新时代的市场变化及文化品牌传播效果的提升，需要应用信息传播模型和社会网络理论，有助于剖析消费者对文化品牌影响要素的了解和信息传播过程，利用有限的资源进行不同发展时期的合理传播配置，从而提升文化品牌的传播效果，得到文化品牌的传播特征和传播策略。

综上，在不断推动文化品牌创建的时代下，基于文化品牌传播机制和品牌信息传播模型构建文化品牌传播模型进行仿真模拟实验，对多类型文化品牌传播特征和传播策略优化的文化品牌传播效果提升研究，补充了在社交网络下文化品牌信息传播机制下的研究空白，有助于文化类企业在品牌化建设过程中合理优化传播策略，具有一定现实意义。

第2章 文化品牌传播机制

一、文化品牌界定

（1）文化品牌的内涵

文化产业（Cultural Industry）指从事文化产品生产和提供文化服务的经营性行业，为社会公众提供文化娱乐产品和服务活动，以及相关联的活动集合，满足消费者的文化需求，对文化意义本身进行产品创作设计和流通销售，赋予旧的产品或服务一种新的特质。文化产业可以分为3类，分别是生产和提供以物化形态展现的文化产品的产业、以劳务形式呈现的文化服务产业和向其他行业提供文化附加值的产业。

广义的品牌（Brand）被定义为一种具有经济价值的无形资产，用抽象化、特有的概念表达来体现其资产的差异化，从而表达出具有广泛辨识度的产品特点，在消费者的感知中将资产与企业价值相连，在影响消费者需求的同时，为消费者和企业带来更大收益的无形资产。而狭义的品牌则是指通过对理念、行为、视觉、听觉4个方面进行标准化，使其具备价值性、长期性、差异性和特有性的一种标识识别系统，能够区别于其他竞争产品或劳务的名称、标记、口号、记号等设计组合，为产品提供来源于消费者感知中的附加值，承载了消费者对其产品及服务的认同和喜好。

文化品牌（Cultural Brand）指文化企业为满足自身发展及为消费者需求构建的品牌，结合了文化层面的精神价值和品牌层面的市场价值，传达了一种文化影响力，体现了文化企业的核心竞争力。主要涵盖了文化艺术、广播影视、文化旅游、新闻出版、网络动漫、广告演艺等主要文化产业领域及其他衍生行业。该品牌是文化类企业以一系列精神文化产品或服务生产消费过程为消费者感知提供的附加值为基础，以多领域文化产业为发展趋势，展现特殊经济和文化形态，经由一系列独特性产品标识符号体系的设计，为产品赋予具有自身独特形象、性质和属性的传播特性。文化品牌按照文化主体、社会层次、经营内容划分为不同种类，如表 2.1 所示。

表 2.1 文化品牌的种类

视角	分类
文化主体	包括地域文化品牌、企业文化品牌、机关文化品牌、校园文化品牌
社会层次	国家文化品牌、省域文化品牌、城市文化品牌等
经营内容	文化产业品牌、餐饮文化品牌、民族文化品牌、文创文化品牌

（2）文化品牌的特点

文化品牌的地域性（Regionalism）是指各个城市文化产业的文化产品和文化服务体现着独特城市文化，是由地域性质的文化构成，在自然环境与人文历史背景下，创造出来的多种文化遗存所构成的复合文化载体。文化品牌具有区分城市文化的名称、标志设计、符号或多种组合要素，以识别各个城市的文化特色，让消费者产生对该城市文化的品牌认知。一个独特的地方文化企业生产的具有本土特色产品代表了当地人民的生活习惯和历史象征，这就是消费者愿意购买文化产品的原因。城市是市场经济运行过程的核心支撑，各个城市有着自己天然独特的地理优势和文化特征，例如首都北京以历史文化名城和故宫、天安门、长城等名胜古迹而举世闻名，云南则具有四季如春的气候环境、少数民族众多等得天独厚的地域文化和民族文化。

文化品牌的民族性（Nationality）是指民族根基根深蒂固存在于任何文化形态的建立过程中，消费者的需求层次从基本生活需求转为注重产品内在文化，而文化企业建立特有品牌的过程中需要借助当地对民族文化的高度认同，才能形成区别于其他地区的特有文化品牌。所以，文化品牌必然具有其民族性。民族文化品牌的发展对提升国家文化自信和增强民族凝聚力具有深远影响，对文化品牌的多样化建设带来积极影响[52]。具有丰富资源的民族文化企业需要依靠品牌化建设来赋予民族化城市文化和建筑的发展和改革[53-54]。建设文化品牌不仅是消费者对产品文化的追求，也是对文化价值的认同，而民族性提高了产品内在价值的同时，也使得消费者深入了解产品文化，使得冰冷的品牌更加具有人情味，提高对产品的认同度和接受度。

文化品牌的产业化（Industrialization）是指文化企业建立品牌形成特有的文化品牌，推动相应领域的文化产业营造良好的发展环境和转变发展方式，以文化品牌为核心进行文化产业战略重组和文化资源合理配置，是推动文化产业发展过程中非常重要的趋势。因为文化品牌体现着产品和服务的文化特性，展现了文化产业的优势，能吸引更多的市场消费，对文化产业的稳步提升起到了带动作用。同时文化产业的提升也有助于形成优秀的文化品牌。文化产业要想脱离较低的附加价值层面，不能仅仅只是开发和利用独特的文化资源，只有将创新性、开拓性、新异性有机融入文化产业之中，才能高居文化产业的顶端，创建出优秀的文化品牌。而且城市经济转型需要通过实施品牌战略赢得国际知名度，通过培育文化品牌促进文化产业品牌化发展，以创建自主文化品牌为核心，区域文化产业占据市场主要地位的关键是要创立具有区域特色的文化品牌，避免"同质化"竞争，努力推动文化品牌的产业化发展。

（3）文化品牌类型的界定

对于不同类型的文化品牌应该寻找到属于自己的受众群体和细分市场，以自己区别于其他产业和品牌的特有传播内容针对性地开拓市场，文化品牌的类型定位是为了实现差异化竞争优势，提升文化品牌的竞争力，更好地发展文化产业。实现通过差异战略和"错位式"的策略实施文化品牌建设，有助于对文化品牌的有效传播[55]。在当前研究的基础上，将文化品牌具体细分为3种类型，分别为老字号文化品牌、新兴科技文化品牌和资源依赖型文化品牌。老字号文化品牌，体现了文化品牌发展的本土性、民族性、历史性；新兴科技文化品牌，体现了文化品牌发展的内在动力、核心竞争力和时代价值；资源依赖型文化品牌，体现了文化品牌发展的地理资源价值、生态价值和人文优势。表2.2详细分析了3种文化品牌的特征、缺点和地理分布。

表2.2 3种文化品牌的特点

文化品牌类型	特征	缺点	地理分布
老字号文化品牌	历史悠久、鲜明的中华民族传统文化底蕴	墨守成规，不能根据市场的需要调整和创新，不注重丰富和创新品牌内涵	南多于北，东部密集，中西部稀少[56]
新兴科技文化品牌	科技发达，文化创新	缺乏深远的文化底蕴	东部多西部少，东部沿海省份较为集中
资源依赖型文化品牌	地理区域自然资源丰富	过度依赖资源，发展受限	集中于自然资源较多的中西部

1) 老字号文化品牌

老字号文化产业是指有着悠久的历史和深厚的文化底蕴的文化产业，这是现代品牌所无法比拟的优势，是一个时代的标记和传承。老字号文化产业在长期的发展中逐渐形成了独特的传统文化理念和深厚的古都文化内涵，具有独领风骚的经营理念和高超的产品工艺，是历经几代人的传承。可以说，老字号的牌号、传说、手艺和设计已经构成中华传统文化的一部分[57]。

老字号文化产业具有的丰富的传统文化内涵、悠久的历史传说和深远的手工技艺都是历经几代生生不息的发展核心。但是随着时代的变迁和产业的新旧更替，仅仅靠文化理念的支撑已经远远不够，老字号的文化特色受到了发展局限，如何将老字号自身的历史文化资源转化为时代个性标签，建立与区域品牌之间的融合，这既是机遇，也是挑战。从 2006 年开始，在国家政策的支持下启动了老字号全面振兴工程[58]，随着品牌战略的逐步完善，品牌化思维成为老字号文化产业的发展指导方向之一。历经岁月的经营和传承，老字号文化产业逐渐形成了特有的产品名称、企业名称、商标和文化产品或服务。借助文化产业的强大背景，充分挖掘老字号文化产业自身文化资源优势，加快实施老字号文化品牌战略，进一步通过历史文化元素的重塑、符号传播、产品研发、跨领域合作，打造具有时代辨识度的老字号文化品牌。老字号文化品牌依托传统文化而形成，并借助于传统文化所承载的情感和口碑延续下去，因此这种发展更像是借助情感的力量维持着固有品牌的精神和特色。

基于此，本章所指的老字号文化品牌指拥有世代传承的独特文化产品、经营理念、技术工艺或文化服务，具有悠久的民族文化背景和鲜明的文化底蕴，受到社会大众的普遍认同，形成良好的品牌影响力、信誉度和消费者忠诚度的品牌。

2) 新兴科技文化品牌

新兴科技文化产业是指利用现代网络和科学技术的有效结合，使文化产业的科技性逐步得到发展，与数字技术相结合的一种将文化与科技深度融合的新兴文化产业。新兴科技文化产业区别于传统文化产业形态，尚处于初级发展阶段，是利用现代数字化高新技术手段发展出的创新型文化产业，突出表现在数字出版、视听新媒体等领域[59]。

从文化学意义上，科技进步已经成为当代文化发展不可忽视的主流文化形态，在深度影响和重构当代文化的形态、结构和价值取向，增强文化的表现力、影响力和感染力，能够更好地传承优秀文化。从产业创新视野来看，文化与科技深度融合是提升文化产业竞争力和文化价值追求的重要核心[60]。运用高新技术手段对优秀文化进行剖析、解读、加工、创新，使得传统文化以全新、多样化的方式展示文化内涵，打造新兴科技文化品牌有利于增加文化产品和文化服务的时代意义和附加值[61]。

文化产业伴随着新兴科技的变革发生了深层次的演变。新科技使得人类行为文化、认知文化、社交文化和商业文明发生了深刻变革，如新商业带来新的诚信体系的重构，二次元文化、创客文化、泛娱乐文化的新特点，VR创造的虚拟世界，人工智能创造的新人类，人类在重构关于现实与虚拟、主体与客体和自我与他者的新逻辑和新框架。因此，形成新兴科技文化品牌是互联网时代提升文化产业的必由之路。

基于此，本章所指的新兴科技文化品牌指以技术发展需求为基础的具有巨大成长潜力的文化企业，力图寻求重大技术突破，以科技手段作为文化企业的发展方向，是新兴技术和文化产业的深层次融合，代表着文化产业科技创新的新发展方向，形成良好的科技产品质量和品牌价值认同感，形成层集内容创作、虚拟实体产品、线上线下服务等完整运行的产业链。

3）资源依赖型文化品牌

文化资源是指人们从事文化生产或文化活动所利用的各种资源总和[62]，凝聚了民族传统文化、民族精神、文化事业和文化产业等领域，分为物质文化资源和精神文化资源[63]。文化资源产业化已经成为反映国家综合国力的重要指标之一，越来越受到国家和社会的重视。特色文化资源这一独特属性，奠定了与其他文化产业的本质区别，体现在精神文化层面和自然地理资源的唯一性，以及民俗和技艺层面的独特性。特色文化资源不仅体现了文化产业的特色优势，更是利用品牌发展的优势所在。

资源依赖型文化产业是指在特定区域内拥有丰富的文化资源和自然资源，且紧密依靠区域资源发展的众多文化产业，特色文化资源是打造文化产业品牌的基础，加快文化资源转化需要借助文化品牌的建立。作为一种具有区域性文化积淀的资源依赖型文化产业，以区域生态文化为主体，包含多元文化关系、多种文化现象、多类产业样态，具有鲜明的民族性、传统性、本土性、原生性、地域性特征。因此，资源依赖型文化产业需要立足现有特色文化资源和产业特征建立文化品牌，才能有效地促进文化资源产业的差异化竞争优势，提升受众吸引力。

基于此，本章所指的资源依赖型文化品牌指主要依托自然物质资源和精神文化资源的开发，拥有唯一性的先天自然资源优势和多样化产品优势，以自然文化产品和文化服务为导向，整合区域文化资源，形成差异化竞争资源，建立品牌优势，打造具有民族文化特色和深远文化底蕴的文化品牌，提升国际影响力和竞争力。

二、文化品牌传播形成机制

目前，文化产业同质化现象十分严重，提高文化产业的市场地位需要成功打造品牌。提升文化品牌的核心竞争力和加强品牌核心价值的生成统一，需要对文化企业打造的文化品牌优势进行传播。对于文化企业，品牌传播的实质就是文化品牌的传播。因此，推进文化品牌的有效传播，需要在品牌传播的基础上对文化品牌的传播过程和影响因素进行重点研究。

文化品牌的特殊性及个体的差异性，使得信息传播过程极其复杂，是一个系统的过程，因此文化品牌传播的表示过程是动态的。这个过程既与品牌理念相关联，同时又受到文化企业的价值及文化产品本身内涵构成要素的相互制约。因此，一个文化品牌要素的变化，就会引起文化品牌传播的持续影响，进而应该从综合全面的角度通过挖掘文化品牌影响因素分析和评估文化品牌传播形成的过程。如图2.1阐述了文化品牌传播的形成过程机制与改善的路径步骤，即文化品牌传播效果的提升主要通过3种形式来展现。

在社会网络中，假设只有一个感染者，初始感染者会将信息传播给其他个体，则易感者接触到感兴趣的信息会以一定概率成为感染者，不同的感染者会基于不同的原因将信息传递给其他个体，在信息传播的过程中，会以一定速度达到稳定状态，所有用户将不再分享该信息，成为信息免疫者。各类因素影响着个体对文化品牌的理解，每个个体都会对文化品牌的不同特性产生不同的兴趣点。具体而言，文化品牌传播效果受到文化产品自身的品牌价值和文化价值的变化机制的影响，受各种企业效应与产品价值共同决定的最小包装单元的影响，文化品牌因素对文化品牌传播整体的作用主要表现在品牌标识、产业规模和文化特色上。

其中，品牌标识代表文化产品或服务展现的视觉吸引能力。由于标识能够满足人们对视觉的满足，可以让人们直观地感受到来自外界的信息，因而文化品牌传播中保持标识信息的突出表现能有效反映或制约文化品牌传播效

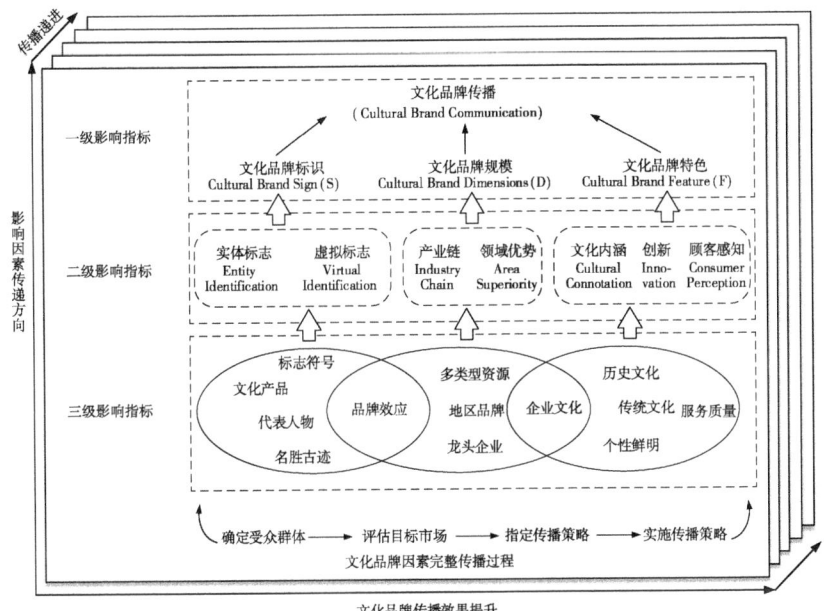

图 2.1 文化品牌传播形成机制

果和速度,体现在名称、标记、产品等的变动表现。产业规模代表在文化企业发展过程中因品牌效应的作用,而表现出的企业扩张和文化影响力、辐射力的扩大,资源类型和多品牌的融合发展,表现为多产业的聚集,主要体现为多资源的扩充、品牌地域化、衍生产业的发展和产业领导效应等。文化特色代表文化企业中的文化表现和突出特色情况,主要表现为文化内涵和突出地域特色及产品的创新性。

(1) 文化品牌标识对文化品牌传播的影响

基于品牌认知的分析,文化品牌的形成要通过一定的物质载体来表现自己,以此区别于其他品牌,便于人们识别,吸引人们关注,并博得人们长期依赖和偏好。充分发挥品牌标识要素在品牌传播中的潜能,就能使受众群体获得文化品牌的一致信息,从而增强文化品牌诉求的一致性和完整性,提升文化品牌的塑造能力和营销传播效果。具体而言,文化品牌传播受到品牌自身物质表达变化机制的影响,受到各种品牌标识与外在表现形式共同决定的最小标识单元的影响。

从传播价值来看,品牌标识本身具有很强的传播价值。品牌研究专家认为,品牌标识在品牌传播和建立品牌资产的过程中往往起着更为关键的作用。标识正是对人的视觉的满足,可以让人们获得更多的信息。另外,标识比语言信息更容易记忆和再认,比语言信息保持记忆时间更长,比语言信息更能引人注目和激发联想,更容易顺利地进行跨文化传播。因此,设计具有良好视觉效果的品牌标识,是建立强势品牌的重要内容[64]。

从影响上来看,文化品牌作为文化产业品牌化的结果,必然在文化内涵的基础上,包含着品牌本身吸引大众的特质,也就是品牌的视觉形象。成功的品牌往往经历了多次的视觉形象升级,不断融入产业文化内涵和品牌风格。文化品牌在传播过程中最容易被大众接触的就是标识部分,如标志物、代表人物、标志产品等,体现着整个文化产业的品牌定位,有助于对文化品牌的有效传播。文化产业界涌现出一些优秀的具有创新意识的标杆人物,才产生了文化产业发展的奇迹。要完善文化品牌标识体系,确立统一形象设计,制定文化品牌产业集群的品牌标识、品牌宣传,从而进行各具特色的文化品牌建设[65]。对于具有民族差异性的文化品牌,可以突出鲜明的民族地域特色,以民族中的文化名人作为宣传重点进行推广[66]。

基于此,对文化品牌标识进行形式化定义如下:

定义 2.1:文化品牌标识(Cultural Brand Sign,CB_S)指文化品牌建立过程中物质化载体的视觉表现,受文化产品(Cultural Product)、代表人物(Representative Figure)、名胜古迹(Famous Historic and Cultural Site)、标志符号(Logo)等多重因素影响。

$$CB_S = Effect \{Cultural\ Product,\ Representative\ Figure,\ Famous\ Historic\ and\ Cultural\ Site,\ Logo\}. \tag{2.1}$$

为了更好地理解文化品牌标识的组成要素,表 2.3 针对"798 文创园"对文化品牌标识部分组成要素进行举例说明。

表 2.3 文化品牌标识部分组成要素

文化品牌 影响因素	组成要素	以"798 文创园"为例
文化品牌标识	名胜古迹	红砖瓦墙、涂鸦、雕塑 

文化品牌影响因素	组成要素	以"798文创园"为例
文化品牌标识	文化产品	艺术纪念品
	标志符号	"798"
	代表人物	各类艺术家,如刘索拉(作家、音乐人)、洪晃(《世界都市 iLOOK》杂志主编兼出版人)、李宗盛(音乐人)

(2) 文化品牌规模对文化品牌传播的影响

基于品牌效应的分析,构建有可持续发展力的文化品牌,要依靠大规模的产业集群进行运作,突出在整个文化产业的龙头企业,在整个产业中发展成为具有先进技术和雄厚资金的领头产业集团,同时可以增强抵御来自市场风险的能力。文化品牌是由产业集群中的龙头企业打造的,要依靠产业集团的整合能力、区域特色、品牌知名度和市场占有率等立足于整个产业。

从产业运作来看,整合多方资源优势,延展产业链,能够有效扩大文化品牌知名度,使其进行广泛传播。当前文化品牌分布相对分散,需要将区域资源进行集中整合,打造特色鲜明的文化品牌体系和完整的产业链,提高文化品牌竞争力。文化品牌的传播应该是将特色文化内涵与精细化的商业运作紧密结合,依靠产业集群的集团整合,形成具有鲜明特色的核心竞争力的文化产业链[55]。文化品牌规模则包括整合多类型资源优势形成产业集群,与地区品牌特色相结合,在其领域内为龙头企业并拥有多种产品类型,品牌认知度高,为大众所熟知。

基于此,对文化品牌规模进行形式化定义如下:

定义2.2:文化品牌规模(Cultural Brand Dimensions,CB_D)指文化品牌建立过程中表现出的企业扩张和文化影响力、辐射力的扩大,资源类型和多品牌的融合发展,受具有多类型资源(Multiple-Type Resource)、多产业集群(Multiple Industry Cluster)、联合地区品牌(Regional Brand)、龙头企业(Key Enterprise)、具有资源传承能力(Resource Inheritance Ability)等多重因素影响。

$$CB_D = Effect\{Multiple\text{-}Type\ Resource, Multiple\ Industry\ Cluster, Regional\ Brand, Key\ Enterprise, Resource\ Inheritance\ Ability\}. \qquad (2.2)$$

为了更好地理解文化品牌规模的组成要素，表 2.4 针对"798 文创园"对文化品牌规模的部分组成要素进行举例说明。

表 2.4　文化品牌规模部分组成要素

文化品牌影响因素	组成要素	以"798 文创园"为例
文化品牌规模	形成多类型资源优势产业集群	艺术家和文化机构进驻后，逐渐发展成为画廊、艺术中心、艺术家工作室、设计公司、餐饮酒吧等各种空间的聚合，形成了具有国际化色彩的"SOHO 式艺术聚落"和"LOFT 生活方式"的艺术产业集群
	与地区品牌特色相结合	北京地区艺术家集聚 798 厂，并引进众多国外艺术家形成独特艺术家创作的品牌优势，成为北京艺术中心
	在其领域内为龙头企业	798 艺术区被美国《时代》周刊评为全球最有文化标志性的 22 个城市艺术中心之一；以 798 入选为契机，北京被列入美国《财富》杂志一年一度评选的世界有发展性的 20 个城市之一

(3) 文化品牌特色对文化品牌传播的影响

基于文化内涵角度的分析，文化品牌形成的内在根基主要依据其文化产业自身的文化素养，以特色文化资源多样性为载体，依托丰富且具有地域特色的文化，展现与其他产品在本质上的文化个性，以及文化内容和产品服务表现上的时代创新的表达，体现了文化品牌的文化影响力和企业的核心竞争力。具体而言，文化品牌传播受到文化内涵所具有的独特精神风貌表达变化机制的影响，受到历史环境、人文环境、民族文化特色、文化资源等文化内在表现形式的最小单元特色影响。

基于顾客角度的分析，文化品牌质量是受众群体对于整个产品、服务等的导向性比较和判断，是一种个人价值的判断，是判断文化品牌在发展过程中迎合广大群众需求最直观的表现，更是决定文化品牌是否能够适应时代的发展、体现文化价值和品牌理念的重要之处，能够体现文化企业品牌特色的直接体现。

从内容上来看，企业成功建立文化品牌的关键因素，是要体现出深刻文化底蕴的品牌优势，需要以深厚的历史文化、独特的创意和良好的经营口碑为特色。打造特色的文化品牌，要充分挖掘文化差异性，开发具有创意性的文化产品，突出具有深厚历史意义、时代创新意识和独特文化内涵的文化品牌。培育文化品牌的关键因素是要通过不断创新保证文化品牌的文化内涵和品牌的独特性，挖掘区域文化品牌特色，充分展现民族文化理念，有助于文化品牌实施独特性和差异化发展战略。因此，文化品牌特色包括独特的文化底蕴、创新理念及良好的服务体验、口碑。

基于此，对文化品牌特色进行形式化定义如下：

定义 2.3：文化品牌特色（Cultural Brand Feature，CB_F）指文化品牌建立过程中表现出的文化内涵、突出地域特色、个性鲜明具有创新能力和优秀服务质量，受历史文化（Historical Culture）、传统文化（Traditional Culture）、民族文化（National Culture）、地域文化（Regional Culture）、创新能力（Innovation）、服务质量（Service Quality）等多重因素影响。

$$CB_F = \text{Effect}\{\text{Historical Culture, Traditional Culture, National Culture, Regional Culture, Innovation, Service Quality}\}. \tag{2.3}$$

为了更好地理解文化品牌特色的组成要素，表 2.5 针对"798 文创园"对文化品牌特色的部分组成要素进行举例说明。

表 2.5 文化品牌特色部分组成要素

文化品牌影响因素	组成要素	以"798 文创园"为例
文化品牌特色	独特的文化底蕴	798 艺术区包含了独特的各时期的中国艺术元素，是新时期的青年文化经过积淀转向成熟的载体，展示了个人理念与社会经济结构之间新的关系——在乌托邦与现实，记忆与未来之间
	创新理念	由当代艺术、建筑空间、文化产业与历史文脉及城市生活环境的有机结合，798 艺术区已经成为特色鲜明、高度国际化的"文化艺术特色区"
	良好的服务体验、口碑	来访者对 798 艺术区在人们的心灵、情操、艺术感、知识、创造力等产生了大量的、正面的、积极的作用。其独特性和良好口碑得到充分的肯定

第3章 改进SIR模型的文化品牌传播机制分析

一、文化品牌传播影响因素指标体系构建

（1）文化品牌传播影响因素指标体系构建原则

文化品牌传播影响因素的指标体系构建需要遵循一定的指导原则，基于特定原则进行指标的选取才能更加科学、规范地展开指标体系构建工作。文化品牌在传播过程中涉及内外众多要素，且要素之间相互联系、相互作用，存在动态性变化。为了更好地厘清文化品牌传播影响要素的复杂关系，进行客观、有效地梳理，文化品牌传播影响因素指标体系的构建需要遵循系统性、全面性、科学性、可操作性四大原则。

1）系统性原则

文化品牌传播是一个完整的系统，影响因素指标体系不仅要能全面反映文化品牌内在特点，更要由对文化品牌传播要素的综合体现。指标选取时要考虑彼此相互之间的系统关联，合理表示出各个指标在同层次和不同层次之间的联系，并将各层次指标进行有机组合，在一个统一的完整系统中进行指标的选取、比较和筛选，使得最终的指标体系形成一个具有合理逻辑关系的完整系统。

2）全面性原则

研究的文化品牌传播影响因素指标体系是建立在研究分析中国文化品牌的基础上，因此，指标体系应不仅考虑到文化品牌传播要素本身的特征，也应考虑到中国文化品牌的实际情况。基于此，在诸多的文化品牌传播影响要素中要用有限的指标全面地反映文化品牌传播的具体信息。同时，指标要具有足够的广泛性，能够全面地、概括性地反映出文化品牌传播影响要素的实际依据。

3）科学性原则

文化品牌传播影响因素指标体系的指标选取大小也要合理，能够符合实际情况，具有一定的准确性和科学性。指标体系的建立要基于理论知识和已有研究的支撑，将一系列相关联的指标通过构建科学可行的指标体系进行定量或定性的分析。

4）可操作性原则

可操作性原则是指在指标要素的选取阶段要遵循通俗易懂、易于评价的规则，能够保证准确反映文化品牌传播的现状，便于所需实际数据的设定和获取。文化品牌传播影响因素指标的设置应充分考虑数据获取、处理加工的可行性，确保数据来源的可靠性，指标数据结构的一致性，以及保证数据能够进行横向和纵向间的相互联系和比较应用。同时，通过指标的合理设置能够与数据的类型相一致。

（2）文化品牌传播影响因素指标体系的建立

依据前文分析，确定了文化品牌传播评价的对象是文化类企业，从中找出最具代表性的3类文化品牌，评价角度是促进文化品牌信息的有效传播。因此，按照文化品牌传播形成机制和文化品牌传播影响因素的形式化定义，将文化品牌传播影响要素分为文化品牌标识、文化品牌规模和文化品牌特色3个影响维度，并在此基础上对其进行分解和扩展，获得改进的二级指标和具体测定的三级指标，具体指标如表3.1所示。

文化品牌传播影响指标总体框架分为三级，第一级为准则层，是对影响因素的宏观阐述，包括：文化品牌标识（A）、文化品牌规模（B）和文化品牌特色（C）；第二级为要素层，是对一级影响因素进行详细分类；第三级为指标层，是对第二级中的要素赋予可理解、易操作、实际化的指标，是文化品牌传播影响指标体系的具体指标。

1）文化品牌标识指标

文化品牌标识定义为一种构成品牌的视觉要素，通过由此产生的品牌联想吸引大众消费者，在一定时期内取得相应的识别效果。选择将文化品牌标识指标表示为对品牌内涵的概括性表达，且在一定程度上能够通过实际物体或文字反映文化品牌标识指标，体现具有独特文化结合个性化的外在形式，能够充分吸引受众群体的注意力，相对其他同级指标而言更加具有客观性。将文化品牌标识（A）一级指标分为实物和非实物2类，分别为标志物（A1）和标志符号（A2）作为二级指标。标志物囊括了文化类标志性物体，包括文化产品、代表人物和名胜古迹，分别用指标 A11~A13 表示；标志符号则包括以文字为主的品牌代表性信息，为标志称号、标志 logo、企业名称，分别用指标 A21~A23 表示。

2）文化品牌规模指标

文化品牌传播的目的就是为了吸引消费者进行消费。而通过扩大企业生产规模，抢占市场份额，能够促进文化品牌对于消费者的传播力度。文化品牌规模定义为在特定区域内，由特定文化产业形成的整体品牌组合现象，共同生产、销售同品牌的多类型产品，具有一定程度的影响能力，具有领先地位。将文化品牌规模（B）一级指标分为产业资源优势和领域发展优势 2 类，分别为形成产业链（B1）和具有领域优势（B2）作为二级指标。形成产业链主要表示为多类型文化企业与地区品牌的产业联合，包括具有多类型资源、多产业集群和与地区品牌联合，分别用指标 B11~B13 表示；具有领域优势则表示为文化企业在文化领域内的品牌地位和发展趋势，龙头企业、具有资源传承能力、多层次消费人群，分别用指标 B21~B23 表示。

3）文化品牌特色指标

企业行为实质上就是人的文化行为的集中体现，具有文化观的创新理念是企业重要理念之一。同样满足客户需求已经成为品牌传播的关键，不同的行业都希望可以通过满足客户需求实现产品的营销，进而增加企业的社会效益。文化品牌特色定义则侧重于对文化理念的内涵、企业文化创新及消费者满意度的具体表现。将文化品牌特色（C）一级指标集中于对文化自身和顾客满意度的评价，分别用文化底蕴（C1）、创新理念（C2）和感知质量（C3）作为二级指标。文化底蕴主要表示为具有渊源及演化的文化特征，并且具有独特的地域性文化，包括历史文化底蕴、传统文化特色、独特民族文化、地域文化突出和具有文化影响力，分别用指标 C11~C15 表示；创新理念则表示为文化企业具有能够打破常规、突破传统思维定式的理念基础，包括个性鲜明、与时代相结合和推陈出新，分别用指标 C21~C23 表示；感知质量表示为企业质量由顾客满意度决定，顺应以消费者为中心的市场营销潮流，包括良好服务体验和良好产品质量，分别用指标 C31~C32 表示。

第 3 章 改进 SIR 模型的文化品牌传播机制分析

表 3.1 文化品牌传播影响指标体系

一级影响指标	二级影响指标	三级影响指标
文化品牌标识 A	标志物 A1	文化产品 A11
		代表人物 A12
		名胜古迹 A13
	标志符号 A2	标志称号 A21
		标志 Logo A22
		企业名称 A23
文化品牌规模 B	形成产业链 B1	具有多类型资源 B11
		多产业集群 B12
		与地区品牌联合 B13
	具有领域优势 B2	龙头企业 B21
		具有资源传承能力 B22
		多层次消费人群 B23
文化品牌特色 C	文化底蕴 C1	历史文化底蕴 C11
		传统文化特色 C12
		独特民族文化 C13
		地域文化突出 C14
		具有文化影响力 C15
	创新理念 C2	个性鲜明 C21
		与时代相结合 C22
		推陈出新 C23
	感知质量 C3	良好服务体验 C31
		良好产品质量 C32

二、文化品牌传播参数计算机制

（1）文化品牌传播参数计算机制

根据传播动力学模型中参数与文化品牌影响因素的变化分析，将文化品牌传播率变化机制的形式化定义如下：

定义3.1：文化品牌传播率变化机制是文化品牌影响因素对传播率变动的影响与形成的统一描述，是包含文化品牌标识（Sign）、文化品牌规模（Scale）和文化品牌特色（Feature）的三元组结构：

$$F_{SSF} = Effect\{Sign, Scale, Feature\}. \tag{3.1}$$

1）文化品牌传播过程传播率的数据集构成

定义3.2：文化品牌传播过程传播率的数据集，是指包含文化品牌完整传播过程传播率数据的数据集。具体包含文化品牌传播评价指标体系中文化品牌标识、文化品牌规模和文化品牌特色要素在传播过程中变化的各类数量参数，将其记为 Q_{data}。

$$Q_{data} = \{A_{ij}, B_{ij}, C_{ij}, Q_i\}. \tag{3.2}$$

其中，A_{ij} 表示文化品牌标识三级指标参数数据集，B_{ij} 表示文化品牌规模三级指标参数数据集，C_{ij} 表示文化品牌特色三级指标参数数据集，Q_i 表示传播人数。本定义构成了文化品牌传播过程传播率变动数据集。

2）文化品牌传播率的构成与计算

根据传播动力学模型和表3.1所示文化品牌传播影响因素指标形成机制可知，文化品牌传播过程的传播率是针对文化品牌传播过程影响指标数据的获取而形成，依据多层级的综合影响指标来持续研究文化品牌传播过程的传播率。因此，从文化品牌标识、文化品牌规模及文化品牌特色三级影响指标来计算文化品牌传播率。

定义3.3：文化品牌传播过程传播率主要由3种传播率构成，分别为文化品牌标识传播率、文化品牌规模传播率和文化品牌特色传播率，分别指因文化品牌标识而进行传播的人群比例、因文化品牌规模而进行传播的人群比例和因文化品牌特色而进行传播的人群比例，记为 α_i。

$$\alpha_i = \frac{new\_infected}{new\_infected\_total},$$

第3章 改进SIR模型的文化品牌传播机制分析

$$\alpha_1 = \frac{\sum_{i=1}^{2}\sum_{j=1}^{3}A_{ij}}{Q_{总}} = \frac{Q_1}{Q_{总}}, \alpha_2 = \frac{\sum_{i=1}^{2}\sum_{j=1}^{3}B_{ij}}{Q_{总}} = \frac{Q_2}{Q_{总}}, \alpha_3 = \frac{\sum_{i=1}^{3}\sum_{j=1}^{5}C_{ij}}{Q_{总}} = \frac{Q_3}{Q_{总}}。 \quad (3.3)$$

其中，Q_1 为因文化品牌标识影响而传播信息的人数，Q_2 为因文化品牌规模影响而传播信息的人数，Q_3 为因文化品牌特色影响而传播信息的人数，$Q_{总}$ 为总人数。本定义构成了文化品牌传播率计算的形式化方法。

（2）文化品牌免疫参数计算机制

根据传播动力学模型参数变动与文化品牌影响因素的结合，将文化品牌免疫率变化机制的形式化定义如下：

定义3.4：文化品牌免疫率变化机制是文化品牌影响因素对免疫率变动的影响与形成的统一描述，是包含文化品牌标识（Sign）、文化品牌规模（Scale）、文化品牌特色影响因素（Feature）和传播元素（Communication）的四元组结构：

$$F_{SSF\&C} = Effect\ \{Sign,\ Scale,\ Feature,\ Communication\}, \quad (3.4)$$

1）文化品牌传播过程免疫率的数据集构成

定义3.5：文化品牌传播过程免疫率的数据集，是指包含文化品牌完整传播过程免疫率数据的数据集。具体包含文化品牌传播评价指标体系中文化品牌标识（A_{ij}）、文化品牌规模（B_{ij}）和文化品牌特色要素（C_{ij}）在后期免疫过程中变化的各类数量参数，将其记为 D_{data}。

$$D_{data} = \{A_{ij},\ B_{ij},\ C_{ij},\ D_i\}, \quad (3.5)$$

其中，D_i 表示免疫人数，本定义构成了文化品牌传播过程免疫率变动数据集。

2）文化品牌免疫率的构成与计算

文化品牌传播过程的免疫率是针对文化品牌传播过程影响指标数据的获取而形成的，在多层级的综合影响指标的基础上持续研究文化品牌传播过程的免疫率，而各类指标下免疫率的获取是在各自传播率的基础上形成的。因此，从文化品牌标识、文化品牌规模及文化品牌特色三级影响指标的传播情况来计算文化品牌免疫率。

定义3.6：文化品牌传播过程免疫率主要由3种免疫率构成，分别为文化品牌标识免疫率、文化品牌规模免疫率和文化品牌特色免疫率，分别指因文化品牌标识而进行传播后对其他感兴趣而不再传播的人群比例、因文化品牌规模而进行传播后对其他感兴趣而不再传播的人群比例和因文化品牌特色而进行传播后对其他感兴趣而不再传播的人群比例，记为 β_i。

$$\beta_i = \frac{new\_recovered}{new\_recovered\_total} = \frac{D_{i2}}{Q_i}. \tag{3.6}$$

其中，D_{i2} 表示对第 i 个影响指标不再进行传播的人数，第一个影响指标为文化品牌标识，第二个影响指标为文化品牌规模，第三个影响指标为文化品牌特色，Q_i 则表示对第 i 个影响指标继续传播的人数。本定义构成了文化品牌免疫率计算的形式化方法。

三、SIR 模型

（1）基本概念

SIR（Susceptible Infected Removed）传染病模型是 Kermack 和 Mckendrick 在 1927 年根据微分动力学方法建立的传染病模型，是传染病模型中最经典的模型[67]，依据病毒在内部传播规律及相关社会因素等，建立能反映传染病动力学特性的 SIR 传染病模型。SIR 模型作为一种传播模型，是信息传播过程的抽象描述，通过定性和定量分析及仿真模拟，获得传染病的传播过程，从而揭示传染病的传播规律，有效预测未来的发展趋势，分析传染病在系统内部流行的原因。因为不能在内部进行实际传染病实验，所以利用传染病动力学方法建立传播模型，通过仿真模拟对传染病的传播规律进行理论研究非常重要。

SIR 模型能够描述信息传播的过程：起初，系统内部所有的节点都为易感者，即所有个体都不知道信息。接下来，部分易感节点接触到该类信息，转变成传播节点，即处于感染状态。传播节点试图感染仍处于易感状态的节点，或者进入恢复状态，移出传播过程。传播节点感染一个易感节点，即传播节点传递该类信息或使易感节点改变对某类事件的态度。恢复状态，即处于免疫节点，指不再参与信息的传播[68]。SIR 模型将传染病传播过程的所有个体 N 分为 3 类。其中：

易感者 S（Susceptibles）：指系统内部中未得病且不具有免疫能力，能够与感染者接触且较易被传染的个体；

感染者 I（Infectives）：指系统内部中已经被感染，且具有一定的传染能力，能够将传染病传播给易感者的个体；

免疫者 R（Removals）：指在系统内部被感染后痊愈，且具有一定的传染病免疫能力，不再被感染的个体。

(2) 模型机制

经典 SIR 模型的建立基于以下 3 个假设：

① 系统内部人口总数始终保持一个常量 $N(t)$。不考虑在信息传播过程中个体的出生率、自然死亡率和因其他疾病导致的死亡，以及人口的进出流动，即人口的增减。表示为：

$$N(t) = S(t) + I(t) + R(t) \equiv K, \quad (3.7)$$

其中，$s(t)$ 表示 t 时刻易感者的人数；$I(t)$ 表示 t 时刻感染者的人数；$R(t)$ 表示 t 时刻免疫者的人数。

② 假设在 t 时刻单位时间内，一个患有传染病的感染者与易感者进行接触，具有一定的感染能力，用 β 表示感染力度，表示在系统内部一个感染者所能传染的易感者数目与易感者总数的比例系数，从而在 t 时刻单位时间内所有被感染的人数为 $\beta s(t)i(t)$。

③ 在 t 时刻单位时间内，从感染者中移出的人数与感染者人数成正比，比例系数为 γ，从而在 t 时刻单位时间内，免疫者数量为 $\gamma i(t)$。

基于以上 3 个假设条件，系统内部病毒感染机制如下：

$$\begin{cases} S(i) + I(j) \xrightarrow{\beta} I(i) + I(j) \\ I(i) \xrightarrow{\gamma} R(i) \end{cases}, \quad (3.8)$$

根据以上假定，SIR 模型的传染机制如图 3.1 所示

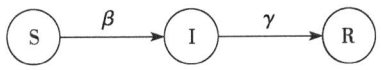

图 3.1 SIR 模型的传染机制

在以上 3 个基本假设条件下，可知：将易感者和感染者充分混合时，易感者数量的降低率为 $\beta s(t)i(t)$，感染者数量的增长率为 $\beta s(t)i(t) - \gamma i(t)$，免疫者数量的增长率为 $\gamma i(t)$。易感者从被感染到免疫的过程可以用微分方程表示如下：

$$\begin{cases} \dfrac{\mathrm{d}s(t)}{\mathrm{d}t} = -\beta s(t)i(t) \\ \dfrac{\mathrm{d}i(t)}{\mathrm{d}t} = \beta s(t)i(t) - \gamma i(t) \\ \dfrac{\mathrm{d}r(t)}{\mathrm{d}t} = \gamma i(t) \end{cases}。 \quad (3.9)$$

四、基于改进的 SIR 模型的文化品牌传播模型构建

（1）文化品牌传播模型

已有研究指出在复杂网络中信息的传播与传染病的传播非常相似[69]。当前大量学者将其应用到不同的研究领域内，提出了病毒营销[70-72]、网络舆情[73-75]、社会网络[76-77]、传媒广告[78]等演化改进模型，得出了丰硕的研究成果。大部分的信息传播可以用 SIR 模型进行模拟展示，信息传播动力学具备数学严密性，可以精准地描述信息的演化过程，方便我们分析各状态节点的变化规律，探究信息传播特性，为相关策略的制定提供数据支撑[79]。传统的 SIR 模型仅表现出 3 个状态节点间的简单转换，分别为：S（易感者）、I（传播者）、R（免疫者）。而在复杂网络下，文化品牌网络中的节点行为受到多种因素影响使得群体 I 的转化类型不仅仅局限于一种，而是增加了因不同影响因素之间的相互转变。即传播群体 I 受到不同文化品牌因素的影响，使得群体 I 分为 3 类，分别是文化品牌标识传播者 I_1，文化品牌规模传播者 I_2，文化品牌特色传播者 I_3。

本章结合文化品牌的影响因素，对 SIR 模型进行了改进，构建如图 3.2 的文化品牌传播模型。假设一个节点 j 在 t 时刻处于未知状态 S，通过信息的介入，将处于接受信息并传播或者退出状态，即在 I_1、I_2、I_3、R 之间的状态进行转换。S 为易感者节点，即未接触到相关信息且并不进行分享的用户状态，I_1 作为因文化品牌标识而分享信息的用户状态节点，I_2 作为因文化品牌规模而分享信息的用户状态节点，I_3 作为因文化品牌特色而分享信息的用户状态节点，R 为免疫者，即已接触到相关信息却不具有分享能力的用户状态节点。

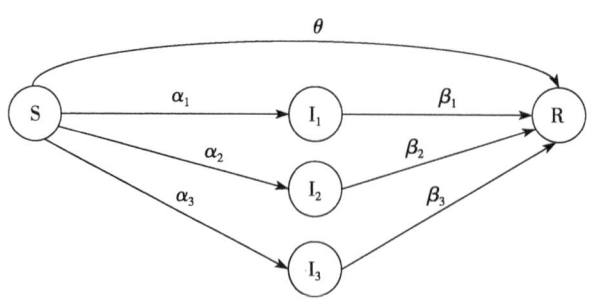

图 3.2 文化品牌传播模型

从微观层面对复杂网络下文化品牌信息传播过程进行了模型化处理，为避免外界复杂因素的过多干扰，本部分首先对模型的边界进行界定，并将文化品牌信息传播过程看成一个相对独立且受多因素影响的复杂系统，除 KM 假设[78]外，优化的文化品牌传播模型还应遵循以下假设条件：

第一，假设模型构建在封闭的社交网络环境下，在信息传播过程中总人口不变，始终为一个常数 N，且 $S(t) + I_1(t) + I_2(t) + I_3(t) + R(t) = N$，不考虑新加入和退出整个社交网络的用户。

第二，节点状态转移过程中，是以一定的概率主动地选择是否传播信息，用户在接触到信息后，仅因一种因素进行传播且概率一致[80]。

第三，整个文化品牌信息传播的复杂系统中，所有潜在易感者都会因对 3 种不同的影响因素感兴趣而成为感染者并最终成为免疫者或直接成为免疫者，即 $\theta + \alpha_1 + \alpha_2 + \alpha_3 = 1$。

第四，这个系统中的传播者节点仅将信息感染给有接触或有空间联系的节点，当节点出现有效的关系链接并形成社交网络时，社交群体内的节点感染率将会上升。

（2）文化品牌传播微分方程

在复杂网络中，用户和产业信息将会在各大社交媒体平台和相互沟通交流中显示，用户接触后会以一定概率对文化品牌的标识、规模或特色感兴趣并进行传播。根据网络中信息传播过程，进行文化品牌信息传播规则的制定：

S 在接触到传播者后，当传播的信息是文化品牌标识时，且对信息本身感兴趣，S 会以 α_1 概率转为传播者 I_1，将信息传播出去；S 在接触到传播者后，当传播的信息是文化品牌规模时，且同样对此类信息感兴趣，S 会以 α_2 概率转为传播者 I_2，将信息传播出去；S 在接触到传播者后，当传播的信息是文化品牌特色时，并对此类信息表示认同愿意进行传播，S 会以 α_3 概率转为传播者 I_3，将信息传播出去；传播者进行文化品牌标识信息的分享后，会以概率 β_1 转为免疫者，不再对信息进行传播；传播者进行文化品牌规模信息的分享后，会以概率 β_2 转为免疫者，同样停止对信息的传播；传播者在进行文化品牌特色信息的分享后，会以概率 β_3 转为免疫者，不再进行信息分享；S 在接触传播者后可能会对接收到的信息不感兴趣，不愿意进行传播，则会以概率 θ 促使感染者转为免疫者。

根据以上假设和传播规则，系统中各节点遵循 $SI_1I_2I_3R$ 模型 8 种状态的变化，文化品牌信息传播机制如式（3.10）所示：

$$\begin{cases} S(0) \to I_1(t) + I_2(t) + I_3(t) + R(t) \\ S(i) + I_1(t) \xrightarrow{\alpha_1} I_1(i) + I_1(j) \\ S(i) + I_2(t) \xrightarrow{\alpha_2} I_2(i) + I_2(j) \\ S(i) + I_3(t) \xrightarrow{\alpha_3} I_3(i) + I_3(j) \\ I_1(i) + I_1(j) \xrightarrow{\beta_1} I_1(i) + R(j) \\ I_2(i) + I_2(j) \xrightarrow{\beta_2} I_2(i) + R(j) \\ I_3(i) + I_3(j) \xrightarrow{\beta_3} I_3(i) + R(j) \\ S(i) + S(j) \xrightarrow{\theta} S(i) + R(j) \end{cases}, \quad (3.10)$$

于是，用来模拟文化品牌中信息传播过程的 SIR 模型微分方程组如式（3.11）所示：

$$\begin{cases} \dfrac{dS(t)}{dt} = -\alpha_1 S(t) - \alpha_2 S(t) - \alpha_3 S(t) - \theta S(t) \\ \dfrac{dI_1(t)}{dt} = \alpha_1 S(t) - \beta_1 I_1(t) \\ \dfrac{dI_2(t)}{dt} = \alpha_2 S(t) - \beta_2 I_2(t) \\ \dfrac{dI_3(t)}{dt} = \alpha_3 S(t) - \beta_3 I_3(t) \\ \dfrac{dR(t)}{dt} = \beta_1 I_1(t) + \beta_2 I_2(t) + \beta_3 I_3(t) + \theta S(t) \end{cases}。\quad (3.11)$$

其中，$S(t)$ 表示时刻 t 的易感者人数，$I(t)$ 表示时刻 t 的感染者人数，$R(t)$ 表示时刻 t 的免疫者人数。

第4章　文化品牌传播的仿真实验与传播策略

一、数据来源

（1）数据样本选取

为了切实反映文化品牌影响因素在我国社交网络中对文化品牌传播所产生的影响，以及为了保证仿真实验与现实的吻合程度，三级各指标要素的数据通过发放调查问卷的方式得到，正式问卷通过网络发放方式分别于2018年11月9日到11月16日和2020年3月10日到3月12日期间进行2次发放和回收，共收回了480份。

为了避免无关数据、信息不完全数据及不规范数据对研究结果产生的不良影响，本章的样本数据筛选规则如下：

① 剔除个人基础资料数据不全的样本；

② 剔除同时选择因文化品牌相关信息进行传播和不感兴趣不进行传播选项的样本。

基于以上2条原则，共得到471份个人对文化品牌传播相关信息样本数据。

（2）数据分析

设计的调查问卷主要包括2个部分，第一部分为受众群体的个人基本信息，基于对受众群体基本情况的了解，将个人基本信息分为性别、年龄、受教育程度、职业、是否对文化品牌了解、是否分享过文化品牌。通过对受众群体的基本情况统计，得到如表4.1所示的信息。

表 4.1 基本信息统计表

基本情况	选项	频数	占比
性别	男	158	33.55%
	女	313	66.45%
年龄	18 岁以下	10	2.12%
	18~24 岁	155	32.91%
	25~29 岁	127	26.96%
	30~39 岁	71	15.07%
	40~50 岁	76	16.14%
	50 岁以上	32	6.79%
受教育程度	初中及以下	8	1.70%
	高中	49	10.40%
	大专	48	10.19%
	本科	158	33.55%
	硕士研究生及以上	208	44.16%
职业	国企职员	45	9.55%
	私企或外企职员	49	10.40%
	政府机关人员	15	3.18%
	事业单位人员	50	10.62%
	在校学生	208	44.16%
	教师	38	8.07%
	自主创业	18	3.82%
	其他	48	10.19%
是否对文化品牌了解	有	306	64.97%
	无	165	35.03%
是否分享过文化品牌	有	160	33.97%
	无	311	66.03%

由表 4.1 可以明确本次调查样本的特征分布，样本中女性居多，占 66.45%；年龄 18~24 岁居多，占到 32.91%，25~50 岁的社会未来发展的主力军也占到总体的 58.17%，中间层年龄分布比较均匀；受教育程度为本科的群体占 33.55%，硕士研究生及以上占 44.16%，说明接受调查的受众群众普遍受教育程度很高；职业多数为在校学生，占 44.16%，处在学习知

识和创造知识的阶段;而对于文化品牌的了解情况也是比较可观的,65%的受众群体对文化品牌有或多或少的了解,更利于本次调查有关文化品牌传播信息真实情况的获取。

第二部分为主体传播文化品牌信息部分,基于大众文化品牌、老字号文化品牌、新兴科技文化品牌和资源依赖型文化品牌分别进行传播信息和免疫信息的设置,并且为了参与调查问卷的群体更好地了解各类文化品牌以便得到准确的调查数据,结合各类文化品牌中的代表性企业将文化品牌影响因素具体化。受众群体分别对4类文化品牌影响指标的选择人数就是相应的传播人数,且对每类文化品牌的传播信息可以同时选择多种因素,而在对相应影响因素传播后选择不再进行分享则是相应的免疫人数。

表4.2为接受调查的群体对每类文化品牌具体影响因素指标选择数量和免疫数量的汇总统计。

表4.2 多类型文化品牌因素的传播人数和免疫人数统计信息

		大众文化品牌		老字号文化品牌		新兴科技文化品牌		资源依赖型文化品牌	
		传播数	免疫数	传播数	免疫数	传播数	免疫数	传播数	免疫数
文化品牌标识	标志物	268	35	225	28	240	31	317	24
	标志符号	207	29	181	26	137	11	182	19
文化品牌规模	形成产业链	167	19	162	18	177	25	233	21
	具有领域优势	105	14	135	14	121	16	175	12
文化品牌特色	文化底蕴	161	20	277	36	169	20	214	19
	创新理念/感知质量	122	11	187	18	202	18	178	16
不进行传播		68	0	24	0	25	0	18	0
总计		1098	128	1191	140	1071	121	1317	111

由表4.2可以看出,受众群体普遍对大众文化品牌的标识信息更为感兴趣,尤其是其中的代表性人物和文化产品,对大部分标识信息的免疫情况大体相似;对老字号文化品牌的标识和特色信息较为感兴趣,且对文化品牌特色相关信息最为感兴趣,其中以文化底蕴中的历史传统文化和地域文化最为

突出，而具有领域优势和创新理念较能让受众群体更加持久地保持对文化品牌信息的传播；对于新兴科技文化品牌，人们对文化品牌标识中的标志物信息最为感兴趣，以文化产品为主要的传播方式，而对标志符号和创新理念的忠诚度较为稳定；对于资源依赖型文化品牌，以文化品牌标识中的代表人物、名胜古迹、景点等标志物为主要的传播信息，同时保持着较高的传播稳定性。

二、大众文化品牌信息传播过程仿真分析

使用 MATLAB R2016a 对建立的大众文化品牌传播模型进行仿真实验，对模型中所有连接状态节点进行研究分析。通过设置属性参数来仿真大众文化品牌信息的传播活动中的易感节点、传播节点和免疫节点密度随时间变化情况，根据问卷调查得出的结果按照公式（3.2）进行计算分析，得到大众文化品牌传播模型参数设置，并做出以下参数假设：初始状态中 $S(0) = 997$，$I_1(0) = 1$，$I_2(0) = 1$，$I_3(0) = 1$，$R(0) = 0$，相关概率参数设置为：$N = 1000$，$\alpha_1 = 0.43$，$\alpha_2 = 0.25$，$\alpha_3 = 0.26$，$\beta_1 = 0.13$，$\beta_2 = 0.12$，$\beta_3 = 0.11$，$\theta = 0.06$。通过仿真得出 $S(t)/N$，$I_1(t)/N$，$I_2(t)/N$，$I_3(t)/N$ 和 $R(t)/N$ 分别随着时间 t 变化的曲线，如图 4.1 所示。

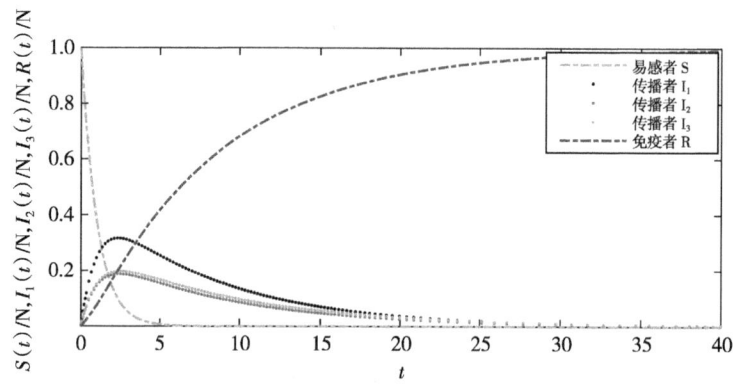

图 4.1　大众文化品牌传播节点状态密度变化

由图 4.1 可知，该大众文化品牌传播模型中，易感者节点 $S(t)$ 的密度在初期呈现骤减的趋势，$t = 3.1$ 时，已经趋于零值，文化品牌信息在社交网络中传播速度极快。传播节点在初始阶段都呈现较快的上升趋势，3 类传播节点几乎同时达到最高点，且因文化品牌标识、文化品牌规模、文化品牌特

色而传播的 3 类传播节点的最大密度分别为 0.32、0.19、0.20，可以看出，因文化品牌标识而对文化品牌进行传播的群体更多。随即 3 类传播者都呈现逐渐下降的趋势，并最终归为零，免疫的速度与高峰值成反比。免疫节点则在初始阶段迅速上升，随后放缓上升速度直至达到密度为 1，表示所有用户对接触到的信息不再感兴趣，不再进行分享。文化品牌信息在传播初期，少数传播者因为各种不同的信息进行分享，接触到信息的易感群体会迅速做出选择，不断增多的传播者因为各种不同的因素开始进行集中分享，传播热度达到最大值后慢慢冷却下来。

文化品牌信息在大众社交活动中的传播状态，会受到来自各个因素的影响，如文化品牌标识、文化品牌产业规模和文化品牌特色，已将各影响因素进行量化结合到 3 个传播状态节点的传播概率中，通过控制不同状态节点的初始参数，对影响文化品牌信息传播的 3 个主要因素进行仿真分析，进而客观把握整个文化品牌在社交网络中的影响状态和影响过程。

（1）文化品牌标识

基于前文的研究，将文化品牌标识作为影响文化品牌信息传播的因素之一，通过选取不同的传播概率和免疫概率，分析文化品牌标识对文化品牌信息传播的影响。在仿真实验中控制传播概率分别减少 0.2 和增加 0.2，免疫概率分别增加 0.3 和 0.6。其中文化品牌标识传播率变动的信息传播状态如图 4.2 所示。

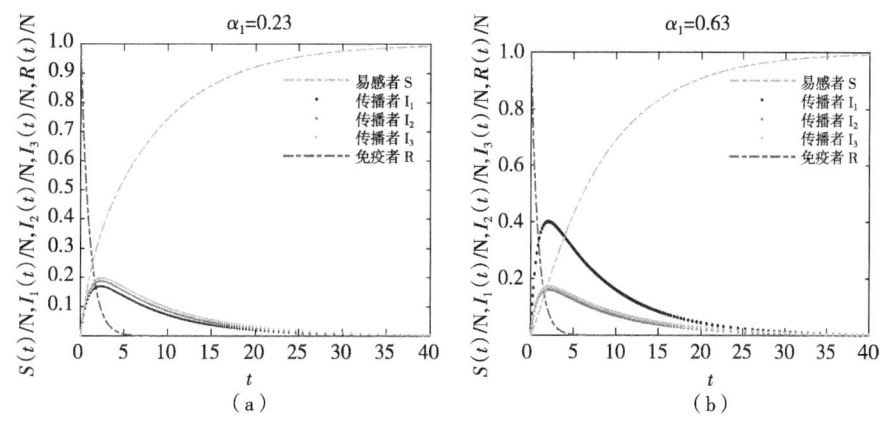

图 4.2　文化品牌标识传播率变动仿真

由图 4.2 可知，随着文化品牌标识传播率的增加，易感者 S 转变成传播者的速度越来越快，当传播概率 α_1 为 0.23、0.43、0.63 时，分别在 $t = 12.6$、$t = 10.2$、$t = 8.4$ 完全转化成传播者。传播概率 α_1 的变动，使得 I_1 传播者节点密度变化程度最为明显,在信息传播的初期,传播者 I_1 密度快速增加,分别在 $t=2.6$ 时达到最高值 0.20、$t=2.3$ 时达到最高值 0.32、$t=2.0$ 时达到最高值 0.40,达到峰值的时间在不断加快。但随着传播概率的增加,峰值在向极限逼近,增长的幅度则越来越小。同时,传播者 I_2 和传播者 I_3 的最高峰密度在一定程度上逐渐减少,传播者 I_2 最大密度在 3 个传播概率下分别在 $t=2.9$、$t=2.3$、$t=2.0$ 时达到 0.22、0.19、0.16,传播者 I_3 最大密度分别在 $t=2.9$、$t=2.5$、$t=2.2$ 为 0.24、0.20、0.17,下降的幅度都有所减缓,两者之间的距离逐渐缩小。在信息传播的过程中,随着传播率 α_1 的上升,使得传播者 I_1 密度快速增加,使得传播者更快地转变为免疫者,群体最终都将对当前的信息归于免疫状态,不再关注该类信息,因此免疫者 R 一直保持着持续上升的趋势。由此可见,加强对文化品牌标识的传播有助于增强对信息的传播效果。

另外,文化品牌标识免疫率分别增加 0.3 和 0.6 的信息传播状态如图 4.3 所示,免疫率的增加对易感者密度的影响不大,对于传播者和免疫者密度有着显著的变化趋势。针对 3 类传播者,免疫率 β_1 的增加对传播者 I_1 有着明显的影响,当 β_1 增加到 0.43 时,传播者 I_1 密度在 $t=1.4$ 时达到了最高峰值 0.23,当 β_1 增加到 0.73 后,使得传播者 I_1 密度在 $t=1.1$ 时达到了最高峰值 0.18,说明加快传播者 I_1 向免疫者的转变,使得传播者 I_1 密度更快达到峰值,却降低了整个群体增长的最高值。免疫率 β_1 的变动对传播者 I_2 和 I_3 的峰值变动不显著。免疫者曲线与传播者 I_1 的最高峰相交,保持快速增加的状态,逐渐减缓上升速度,直至传播者全部变成免疫者。

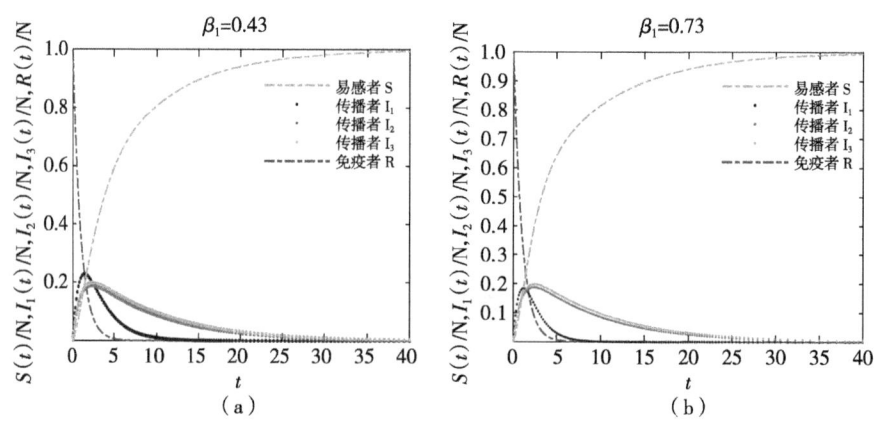

图 4.3 文化品牌标识免疫率变动仿真

第4章 文化品牌传播的仿真实验与传播策略

（2）文化品牌规模

将文化品牌规模作为影响文化品牌信息传播的另一个因素，通过控制传播概率和免疫概率的变动，分析文化品牌规模对文化品牌信息传播的影响。在仿真实验中控制传播概率分别减少和增加 0.2，免疫概率分别增加 0.3 和 0.6。其中文化品牌规模传播率变动的信息传播状态如图 4.4 所示。

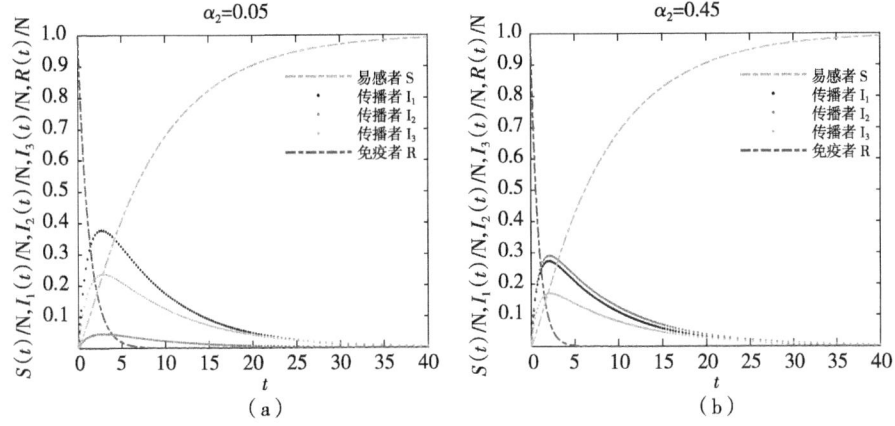

图 4.4　文化品牌规模传播率变动仿真

从图 4.4 可知，随着传播率 α_2 的增加，易感者 S 转变成传播者的速度逐渐加快，易感者完全转化成传播者的时间与传播率 α_1 同增量变动没有显著差异。通过控制对传播率 α_2 的变动，使得传播者 I_2 分别在 $t=2.8$，$t=2.3$，$t=2.2$ 时达到最高峰 0.05、0.19、0.29，可以看出传播率 α_2 相比传播率 α_1 同增量变动时对相应传播者密度最大值的变动幅度更大。由此可知，降低对文化品牌规模的传播会对传播者 I_2 密度的下降影响非常大，在对大众文化品牌信息传播的过程中，应该注意加强对文化品牌规模信息的传播，避免其传播率的下降。而对于传播者 I_1 密度在 $t=2.8$，$t=2.3$，$t=2.0$ 时分别达到高峰值 0.38、0.32、0.27，传播者 I_3 密度在 $t=2.8$，$t=2.5$，$t=2.2$ 时分别达到最大值 0.24、0.20、0.17。同样传播率 α_2 的增加，使得 I_2 密度增幅上升的同时，导致 I_1 和 I_3 密度的幅度缓慢下降，而且 α_1 和 α_2 的变动，对传播者 I_3 峰值密度的影响一致。

将文化品牌规模的免疫率分别增加 0.3 和 0.6 的仿真结果如图 4.5 所示，免疫率 β_2 的变化同样对易感者密度无明显影响。而传播者 I_2 的密度变化则与免疫率 β_2 有着显著的关系，随着免疫率的增加，在 $t=2.3$、$t=1.4$、$t=1.1$ 时，传播者 I_2 的密度最大值分别为 0.19、0.13、0.11，并分别在 $t=$

14.7、$t=5.1$、$t=3.4$ 时 I_2 传播者密度趋于零值，传播者 I_2 中转化到免疫者的速度越来越快，但传播者 I_2 密度最大值的增幅相对 I_1 而言相对较小。对于传播者 I_1 和传播者 I_3 的密度，并没有随着免疫率 β_2 的增加而产生明显变化。在信息传播的初期，免疫者 R 的密度随着免疫率 β_2 的增加而快速增长，免疫者 R 与传播者 I_2 的峰值相交，也就是说，免疫者的密度是随着传播者 I_2 的密度变化而发生改变，随后减缓上升的速度，直至所有传播者变成免疫者。

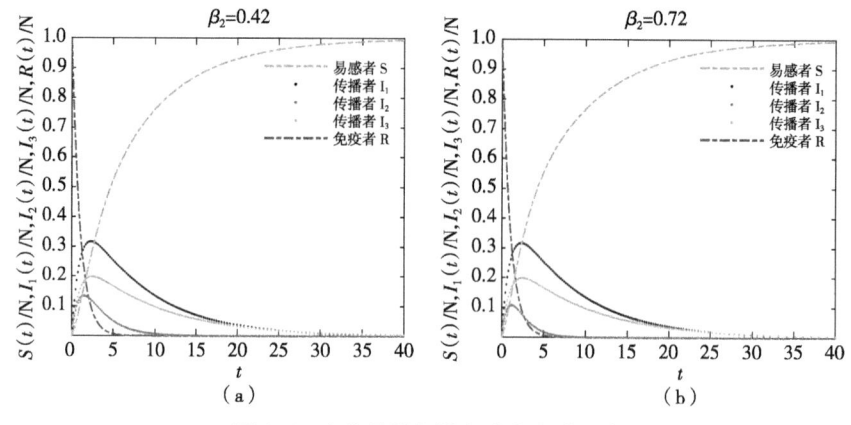

图 4.5 文化品牌规模免疫率变动仿真

（3）文化品牌特色

将文化品牌特色作为影响文化品牌信息传播的另一个因素，通过对传播率和免疫率进行同等增量控制，分析文化品牌特色对文化品牌信息传播的影响。在仿真实验中控制传播率分别减少和增加 0.2，免疫率分别增加 0.3 和 0.6。其中文化品牌特色传播率变动的信息传播状态如图 4.6 所示。

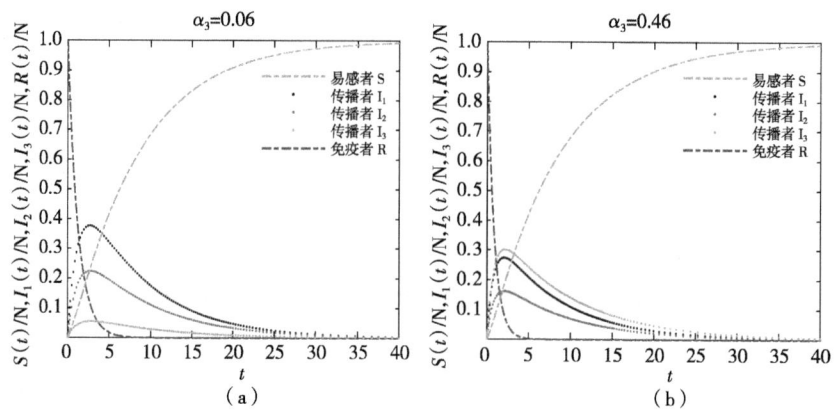

图 4.6 文化品牌特色传播率变动仿真

从图4.6可知，随着传播率α_3的增加，易感者S转变成传播者的速度逐渐加快，易感者完全转化成传播者的时间与传播率α_1和α_2同增量变动没有较大差异。通过对传播率α_3进行同量增减0.2，使得传播者I_3密度随着传播率α_3同增量变化分别在$t=2.8$、$t=2.5$、$t=2.2$时达到最高峰0.06、0.20、0.30。而传播者I_1密度分别在$t=2.8$、$t=2.3$、$t=2.0$时达到最大值0.38、0.32、0.27，传播者I_2密度则分别在$t=2.8$、$t=2.3$、$t=2.2$时达到最大值0.22、0.19、0.16。通过分析可知，传播率的降低普遍对传播者最大值密度有着更明显的变化，以I_2和I_3最为突出，而3类传播率分别进行同量变动，对I_2密度影响最大，I_3密度的变化比I_2略微小一点，而传播率的同量增减对I_1变化相差不大。由此可知，在对文化品牌信息传播的过程中，应该更加强对文化品牌规模和文化品牌特色的传播，避免对其传播率的降低。

文化品牌特色的免疫率分别增加0.3和0.6的仿真结果如图4.7所示，免疫率β_3的增加对易感者密度无明显变化，与易感者密度随β_1与β_2变化的表现相一致，说明免疫率对易感者向传播者转化的速度并无影响。而传播者I_3密度因免疫率β_3的逐渐增加产生较大变化，分别在$t=2.5$、$t=1.4$、$t=1.1$时I_3密度的最大值达到0.20、0.14、0.11，而在3个不同的免疫率β_3下I_1和I_2最大值和时间基本没有变动，分别保持最大值为0.32和0.19。免疫者曲线几乎都会与受免疫概率变动影响的传播者曲线最高点相交，随着传播者密度的逐渐减少而增加。

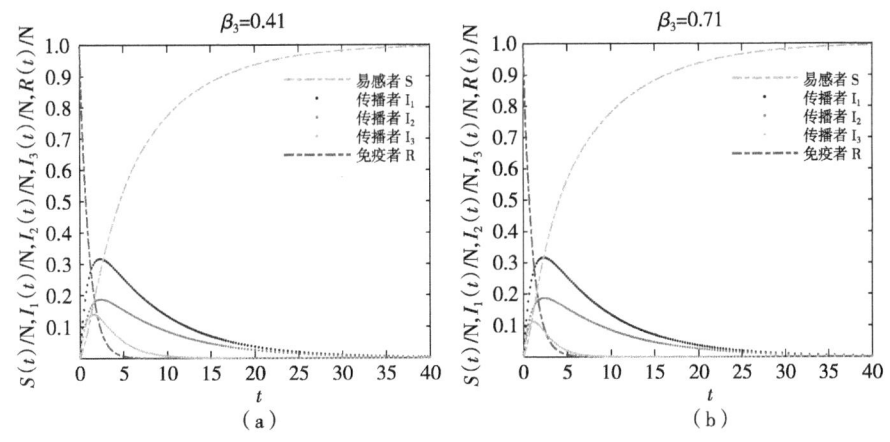

图4.7 文化品牌特色免疫率变动仿真

（4）大众文化品牌仿真结果分析

通过对文化品牌的3个影响因素文化品牌标识、文化品牌规模和文化品牌特色的传播率、免疫率进行变量控制,得到大众文化品牌信息传播的特征规律。首先对于传播率的同量增加,易感者曲线会逐渐加快向传播者转变的速度,但与传播率种类无关,传播者则受对应传播率(对应传播率,即文化品牌标识传播率 α_1 对应文化品牌标识传播者曲线 I_1,文化品牌规模传播率 α_2 对应文化品牌规模传播者曲线 I_2,文化品牌特色传播率 α_3 对应文化品牌特色传播者曲线 I_3)的变动影响最显著,对非对应传播率的变动幅度保持一致。

在大众文化品牌传播的仿真实验中可以看出当前的信息传播情况,文化品牌标识传播速度最快,到达峰值用时最短,峰值最大,且完成转变成免疫者最慢,说明当前文化品牌标识传播市场已经逐渐成熟,而文化品牌规模峰值最小,完全转变到免疫者最快,说明相应传播人数少,忠诚度弱,宣传力度不够。

随着对应传播率的加大,文化品牌规模和文化品牌特色的密度最值受其影响最大,而文化品牌标识则受非对应传播率变动影响最大,由此可知,在文化品牌传播初期,应该在加强对文化品牌规模和特色信息扩散传播时,尽量避免对文化品牌标识传播力度的减弱。其次,对于免疫率的递增变动,易感者曲线并不随之改变,而且只有对应免疫率的变动才会使得传播者密度进行改变,其中文化品牌标识传播者密度最大值对于对应免疫率的增加受到的影响最显著,由此说明文化品牌的信息传播后期,应该避免对文化品牌标识传播者免疫率的增加。

以上仿真实验对大众文化品牌的3种影响因素的传播率和免疫率分别进行了同量的增减控制,真实量化了普遍文化品牌信息在实际传播过程中的节点变化规律,为相关企业、政府和媒体等机构有效传播信息提供了理论基础。

三、老字号文化品牌信息传播过程仿真分析

根据问卷调查出的实际数据进行计算,得到老字号文化品牌传播模型参数设置为:$\alpha_1=0.34$,$\alpha_2=0.25$,$\alpha_3=0.39$,$\beta_1=0.13$,$\beta_2=0.11$,$\beta_3=0.12$,$\theta=0.02$。通过仿真实验得出 $S(t)/N$,$I_1(t)/N$,$I_2(t)/N$,$I_3(t)/N$ 和 $R(t)/N$ 分别随着时间 t 变化的曲线,如图4.8所示。

第4章 文化品牌传播的仿真实验与传播策略

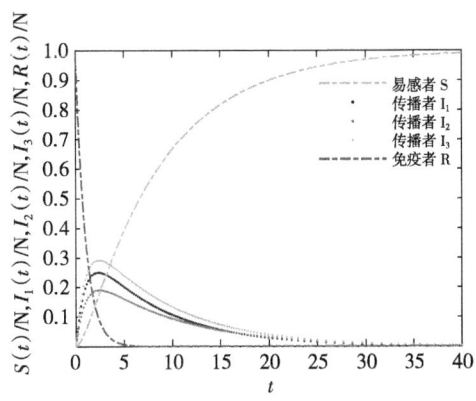

图4.8 老字号文化品牌传播率变动仿真

由图4.8可知,老字号文化品牌传播模型中,易感者密度曲线随着时间的变化越来越接近0,在接近$t=3.1$时趋向于零,与大众文化品牌传播模型的趋势基本一致。3条传播者曲线在信息传播初期同样展示出快速上升的趋势,在$t=2.3$时,I_1最高峰达到0.25,在$t=2.5$时,I_2最高峰接近0.19,在$t=2.5$时,I_3最高峰接近0.29,可以看出,目前文化品牌特色对于文化品牌的推广起到更加快速的传播效果。随后,3类传播者密度均开始下降直至为零,而传播者I_1和传播者I_3的开始下降速度相对较快,而传播者I_2密度则下降相对较缓,说明传播者I_2相对较为稳定。免疫者曲线在初期快速上升,与传播者I_2最高点相交,随后开始缓慢上升,直至达到1。

将老字号文化品牌的3类影响因素传播率分别减少0.2和增加0.2得到如图4.9的仿真图,随着传播率的增加,易感者密度曲线在初期呈现快速下降的趋势,随即缓慢下降直至分别在$t=3.9$、$t=3.1$、$t=2.6$时趋于零值,与传播率的种类无显著联系,整体变化趋势与文化品牌的易感者下降趋势基本保持一致。

随着传播率的变动,各个传播者曲线有着一定幅度的变动,而达到峰值的时刻并不受影响。而随着对应传播率的递增变动,使得传播者I_1曲线分别达到最高峰为0.12、0.25、0.34,传播者I_2曲线分别达到最大值为0.05、0.19、0.29,传播者I_3曲线分别为最大值0.17、0.29、0.38,说明随着对应传播率的降低和增加,对文化品牌规模传播者密度的影响最大,而文化品牌标识则次之。所以,应该避免对文化品牌规模传播率的降低,应该注重加强对其传播的推广强度。而对于非对应传播率的变动,传播者I_1最高峰值分别为0.30、0.25、0.22,传播者I_2最大值分别为0.23、0.19、0.16,传播

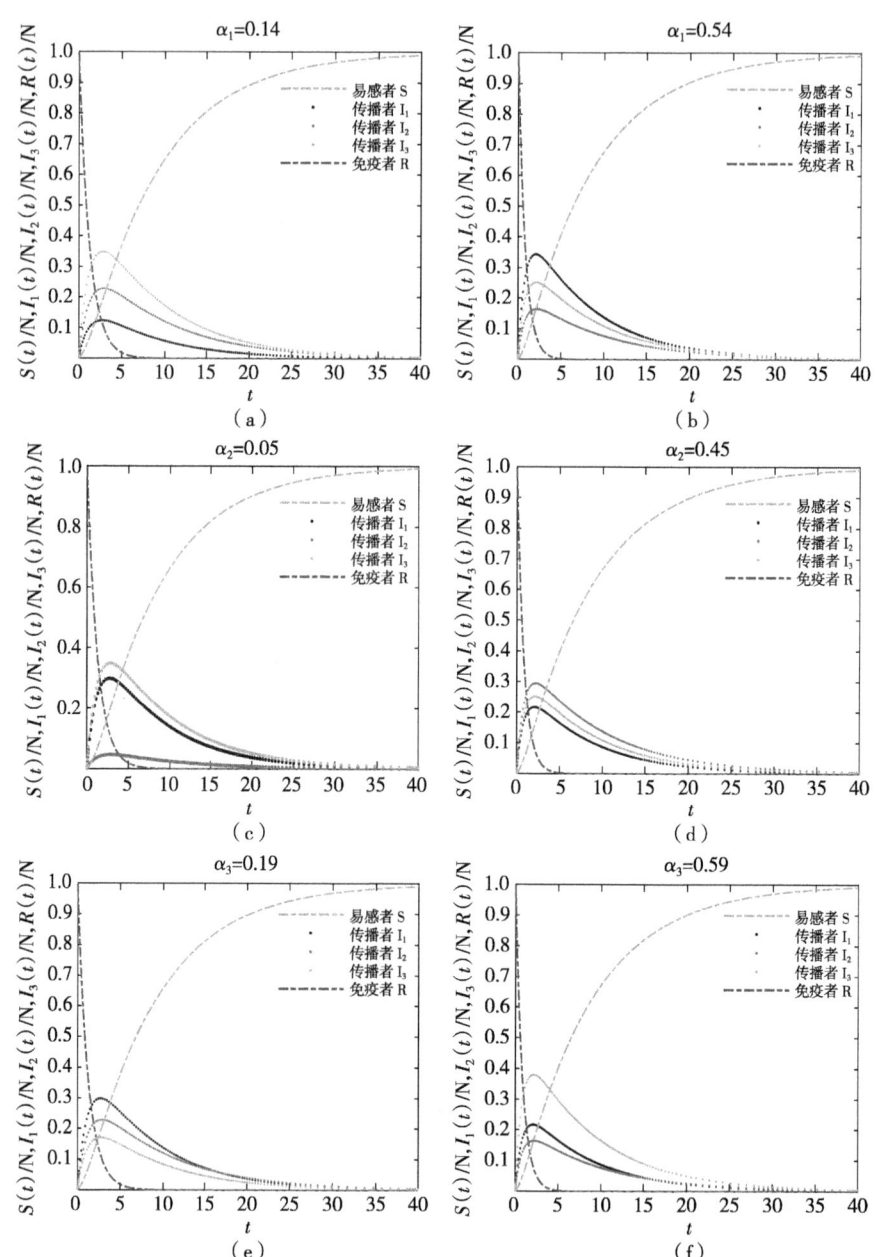

图4.9 老字号文化品牌影响因素传播率变动仿真

者I_3最大值分别为0.35、0.29、0.25,可以看出因文化品牌特色而成为传播者的密度受其他因素传播概率变动影响最大。

将老字号文化品牌的3类影响因素免疫率分别增加0.3和0.6得到如图

4.10 的仿真图,通过对文化品牌免疫率变动分析可知,易感者曲线并不随着免疫率的变动而发生变化,与老字号文化品牌的仿真结果一致。

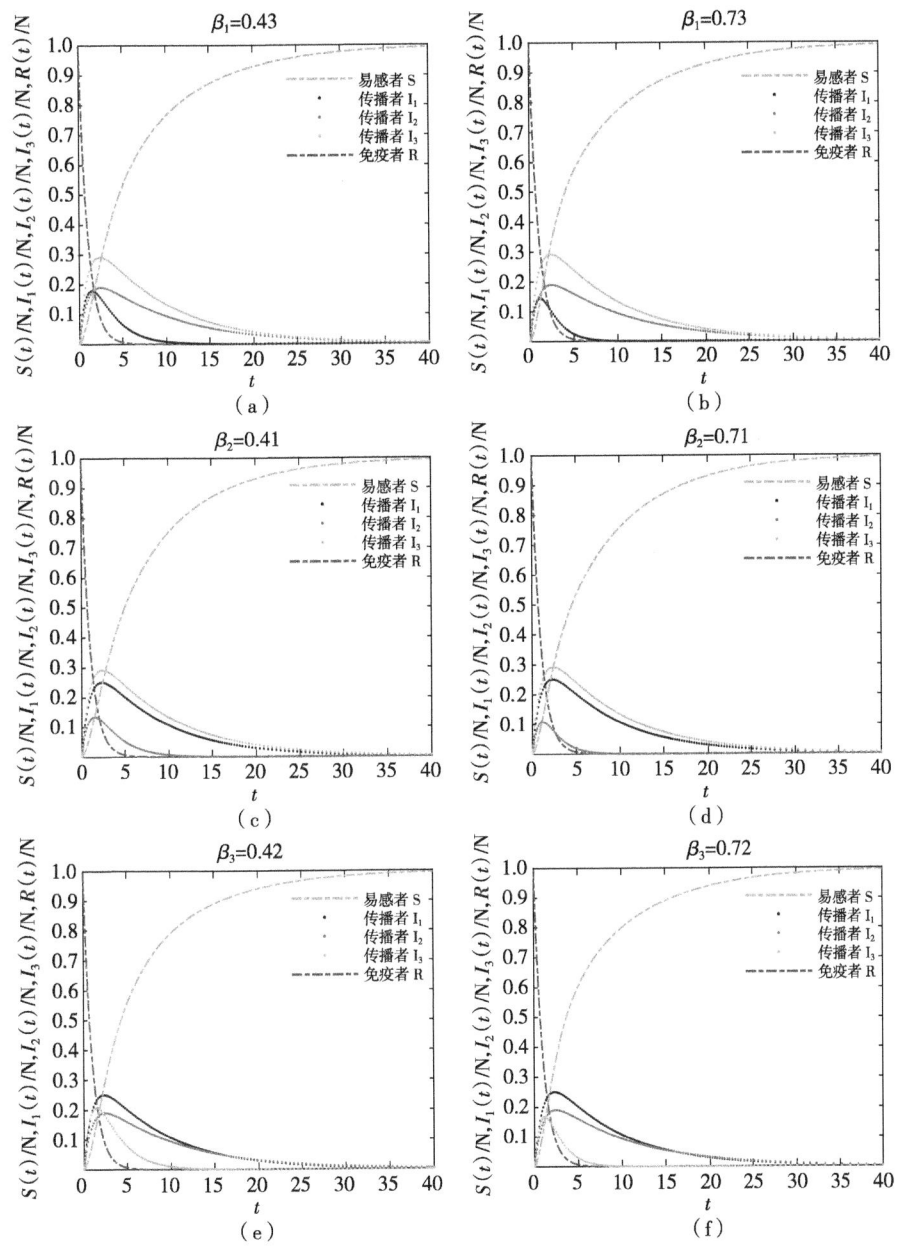

图 4.10 老字号文化品牌影响因素免疫率变动仿真

传播者 I_1、I_2、I_3 曲线随着对应免疫率的递增有着显著改变,对非对应免疫率的增加无明显影响，与文化品牌免疫率变动的趋势相符。在 $t=2.3$、$t=1.5$、$t=1.2$ 时，传播者 I_1 在 3 个递增的免疫率下分别达到最大值 0.25、0.18、0.15，传播者 I_2 最大值分别为 0.19、0.13、0.11，传播者 I_3 高峰值分别为 0.29、0.21、0.17，免疫者 R 曲线与变动的传播者曲线的最高峰相交，说明随着免疫率的增加，传播者密度随之下降，而免疫者密度则与传播者密度的变动趋势同时加快上升速度。通过老字号文化品牌免疫率仿真结果可以看出，随着免疫率的递增，传播者 I_3 曲线下降的趋势最明显，其次是传播者 I_1，说明传播者 I_3 受免疫率的影响最大，应该尽量避免增加老字号文化品牌特色的免疫率，对保持老字号文化品牌传播的持久度有着更加良好的效果。

四、新兴科技文化品牌信息传播过程仿真分析

根据问卷调查出的实际数据进行计算，得到新兴科技文化品牌传播模型参数设置为：$\alpha_1=0.35$，$\alpha_2=0.28$，$\alpha_3=0.35$，$\beta_1=0.11$，$\beta_2=0.14$，$\beta_3=0.10$，$\theta=0.02$。通过仿真实验得出 $S(t)/N$，$I_1(t)/N$，$I_2(t)/N$，$I_3(t)/N$ 和 $R(t)/N$ 分别随着时间 t 变化的曲线，如图 4.11 所示。由图 4.11 可知新兴文化品牌信息的仿真传播状态，易感者同样在信息传播的初期快速向传播者转变，在 $t=3.1$ 时趋于零，与老字号文化品牌的易感者变动趋势相似。而传播者在不同的时刻达到高峰值，I_1 在 $t=2.6$ 时达到最大值 0.266，I_2 在 $t=2.2$ 时达到最大值 0.20，I_3 在 $t=2.6$ 时达到最大值 0.271，说明因文化品牌特色而进行传播的人数最多，相应持续的时间更长。此时易感者能转换为传播者的人数已经相对很少，所以传播者的下降趋势大部分取决于免疫率对其产生的影响。

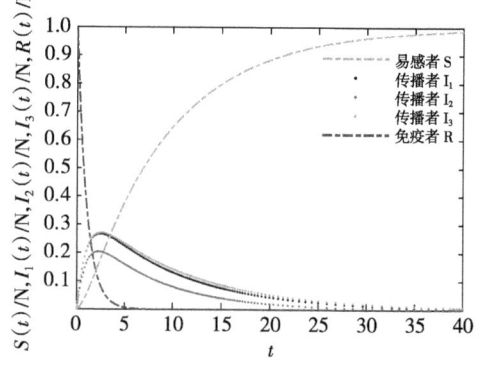

图 4.11 新兴科技文化品牌仿真

将新兴科技文化品牌在不同影响因素下的传播率分别降低 0.2 或增加

0.2 得到如图 4.12 的仿真结果图,易感者曲线随着传播率的同量变动趋于零值的时刻分别在 $t=3.9$、$t=3.1$、$t=2.6$,与老字号文化品牌的易感者完全转换到传播者的时间随着传播率的变动相差不大。与老字号文化品牌传播

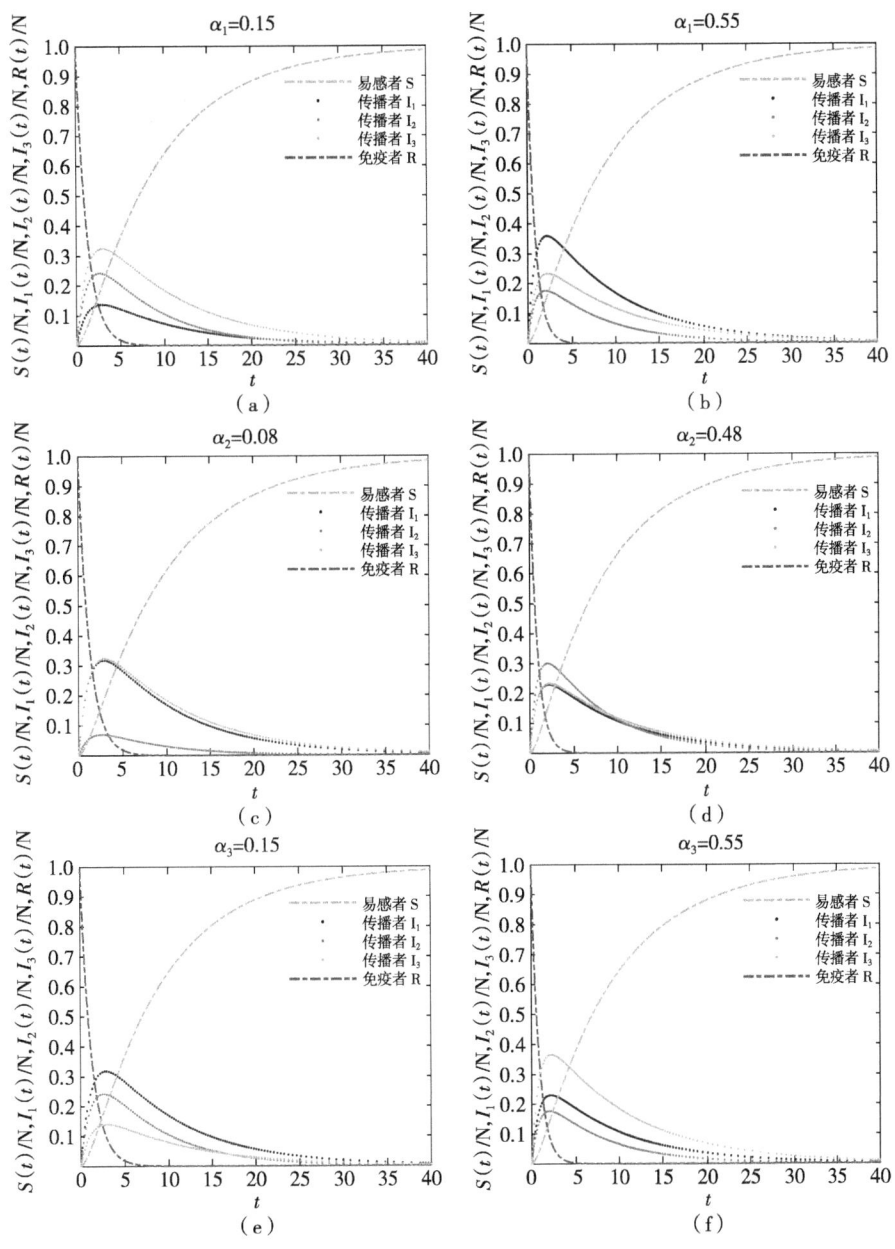

图 4.12 新兴科技文化品牌影响因素传播率变动仿真

者曲线变动不同，新型科技文化品牌随着传播率的同量变动，不仅最大值发生改变，时间也随之变化，尤其当传播率下降时达到峰值的时刻会受更大影响。当各自对应传播率发生变化时，I_1 达到的最大值分别为 0.14、0.27、0.36，I_2 达到的峰值分别为 0.07、0.20、0.30，I_3 达到的最大值分别为 0.14、0.27、0.37，3 类传播者对传播率变动影响相差不大，以文化品牌规模和文化品牌特色变化相对更加明显。当对应传播率下降时，3 类传播者从最大值下降的幅度有所减缓。对于非对应传播率的变动，文化品牌标识和文化品牌特色受另外 2 个影响因素的传播率变化影响最大，所以当加大对文化品牌规模的推广时，应该注意对文化品牌标识传播下降的影响。

如图 4.13 所示，通过仿真实验得到了新兴科技文化品牌 3 个影响因素受免疫率分别增加 0.3 和 0.6 的效果图，可以看出免疫率的变动仍然对易感者密度无明显影响，而传播者曲线则分别随着各自对应的传播率变动发生改变，对另外 2 个非对应的传播率变动无明显变化。

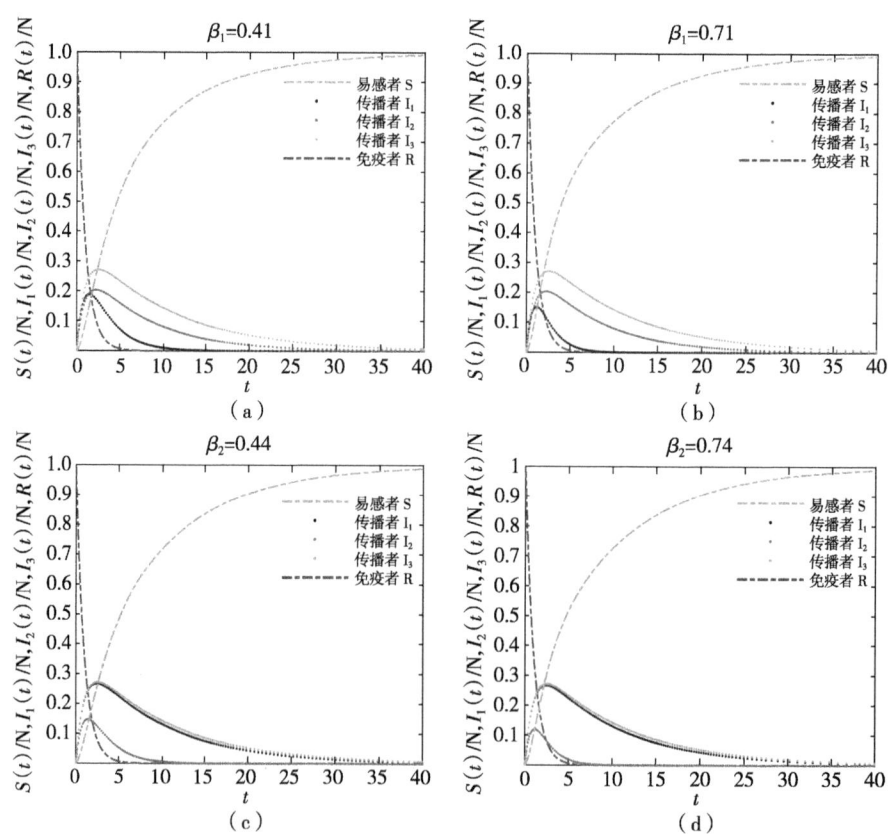

第4章 文化品牌传播的仿真实验与传播策略

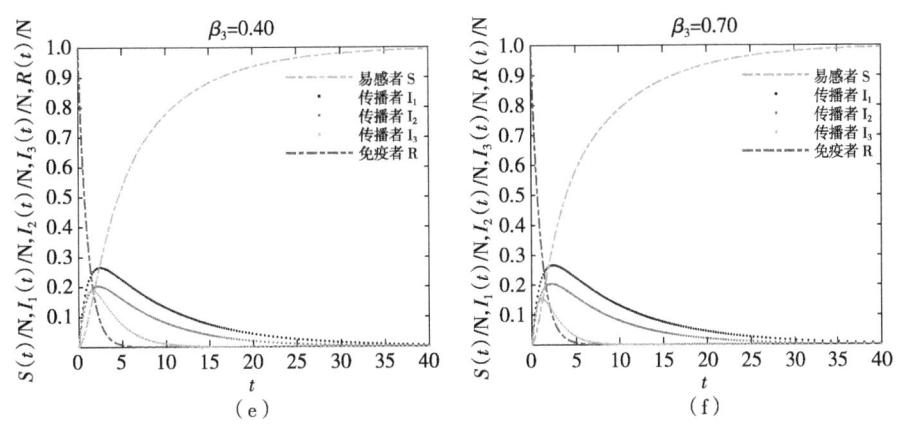

图4.13 新兴科技文化品牌影响因素免疫率变动仿真

随着3个传播率分别增加0.3和0.6，传播者I_3达到最大值的时间幅度最大，传播者I_1的最大值分别为0.27、0.19、0.15，传播者I_2的最大值分别为0.20、0.15、0.12，传播者I_3的最大值分别为0.27、0.19、0.15，可以看到对文化品牌标识和文化品牌特色免疫率的增加，对传播者容量的下降影响最大，说明一旦因文化品牌标识和文化品牌特色感兴趣而成为的传播者失去兴趣的概率加大，会对传播者数量的下降产生很大的影响。

五、资源依赖型文化品牌信息传播过程仿真分析

根据问卷调查出的实际数据进行计算，得到资源依赖型文化品牌传播模型参数设置为：$\alpha_1 = 0.38$，$\alpha_2 = 0.31$，$\alpha_3 = 0.30$，$\beta_1 = 0.09$，$\beta_2 = 0.08$，$\beta_3 = 0.09$，$\theta = 0.01$。通过仿真实验得出$S(t)/N$，$I_1(t)/N$，$I_2(t)/N$，$I_3(t)/N$和$R(t)/N$分别随着时间t变化的曲线，如图4.14所示。

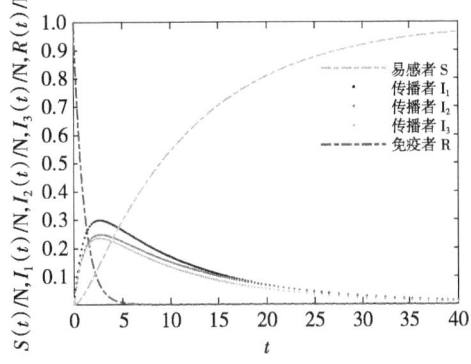

图4.14 资源依赖型文化品牌仿真

由图4.14得知资源依赖型文化品牌传播仿真结果，易感者一直保持着向传播者快速转化的趋势，免疫者曲线与另2类文化品牌相比更平缓，3条传播者则保持快速上升再逐渐下

降,且同时达到最高点,说明当前在 $t=2.7$ 时,能够达到传播的最佳时机,传播者 I_1 的峰值为 0.30,传播者 I_2 达到最大值 0.25,传播者 I_3 达到最大值 0.24,说明因文化品牌规模而进行传播的人数最多。

资源依赖型文化品牌的不同影响因素传播率分别增减 0.1 的仿真结果如图 4.15 所示,易感者下降密度随着传播率的增加,逐渐加快向传播者转换

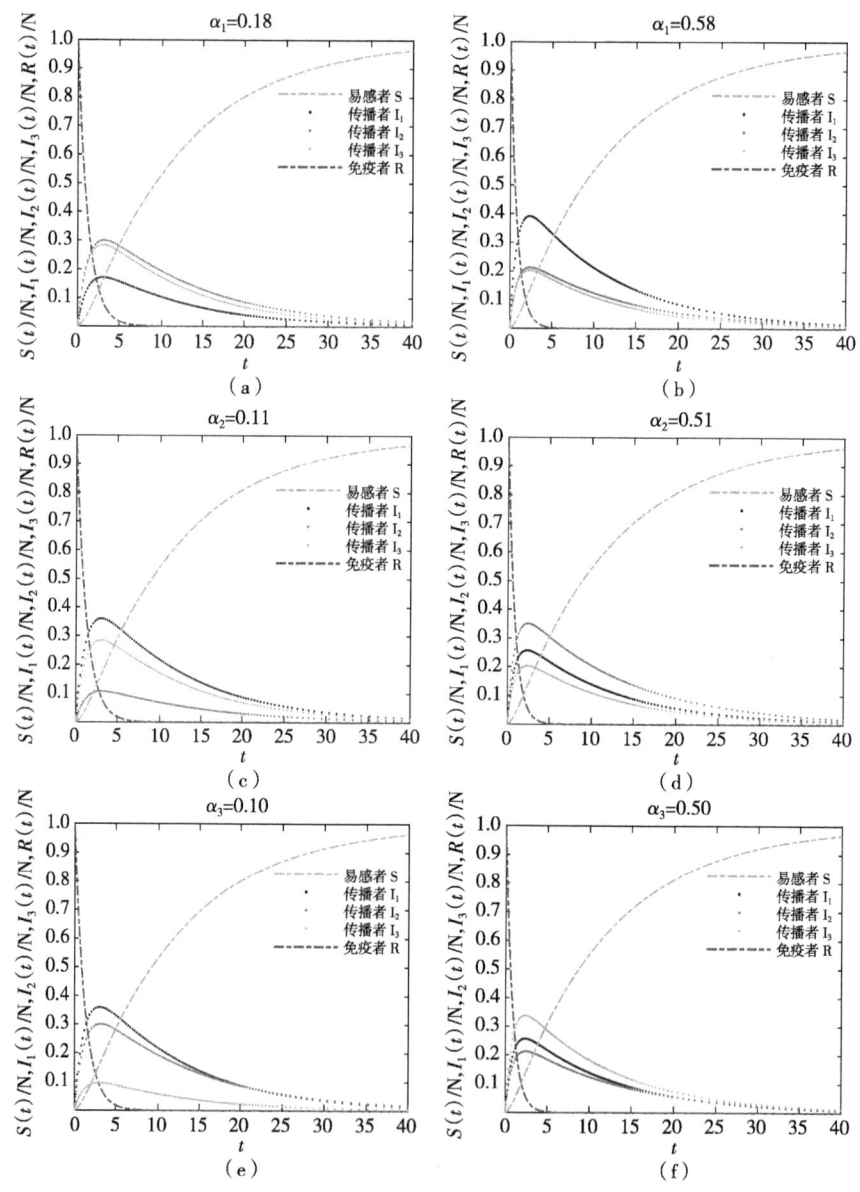

图 4.15 资源依赖型文化品牌影响因素传播率变动仿真

的速度，传播者则在初期不断加快上升的趋势。随着各类传播率的变动，3类传播者总能同时达到峰值，说明无论传播率怎么变动，总能找到一个最佳的传播时机。随着对应传播率的变动，I_1 最大值分别为 0.17、0.30、0.39，I_2 最大值分别为 0.11、0.25、0.35，I_3 最大值分别为 0.10、0.24、0.34。

可以看出对文化品牌规模和文化品牌特色变动影响最大，可以在传播初期加强对其的传播力度，而文化品牌特色传播者更易受到非对应传播率的影响。通过分析可以看出，应该在信息传播初期加强对文化品牌规模和特色的推广，但应注意对文化品牌标识传播者下降的影响。

通过对资源依赖型文化品牌的影响因素免疫率分别增加 0.3 和 0.6，得到如图 4.16 所示的仿真结果，易感者曲线保持持续减少的趋势，与免疫率的改变并无关联，传播者曲线则随免疫率的递增有着明显的变化趋势，同其他文化品牌相一致。当免疫率增加 0.3 时，对应传播者曲线到达峰值的速度明显加快，随着免疫率的递增，对应传播者的下降趋势显著，加快下降的幅

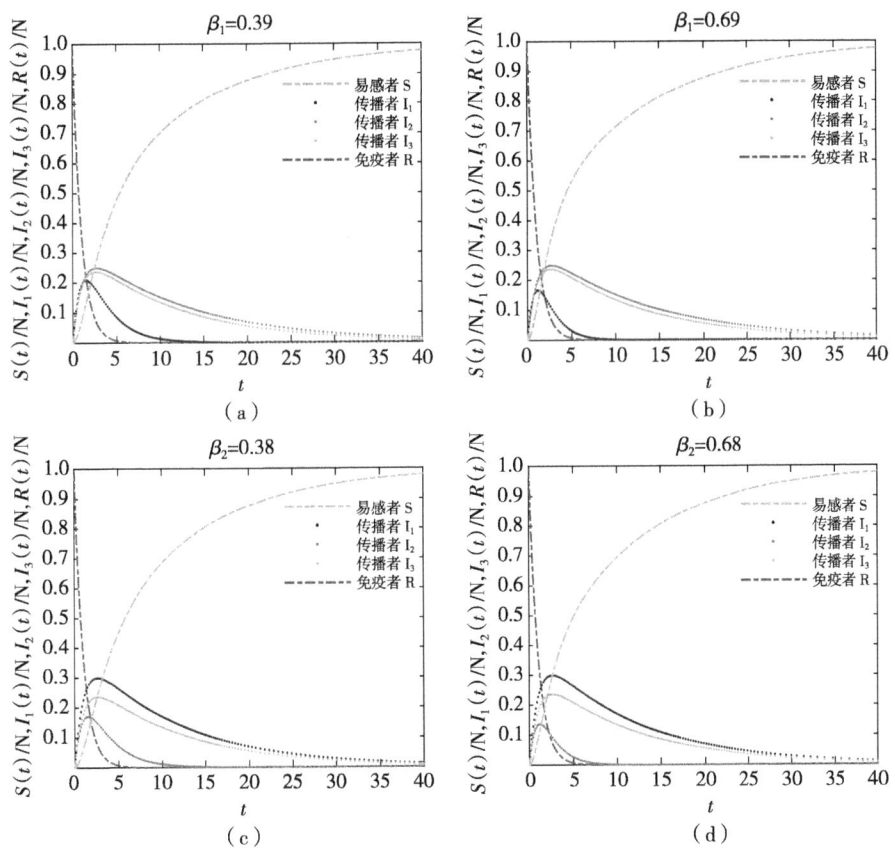

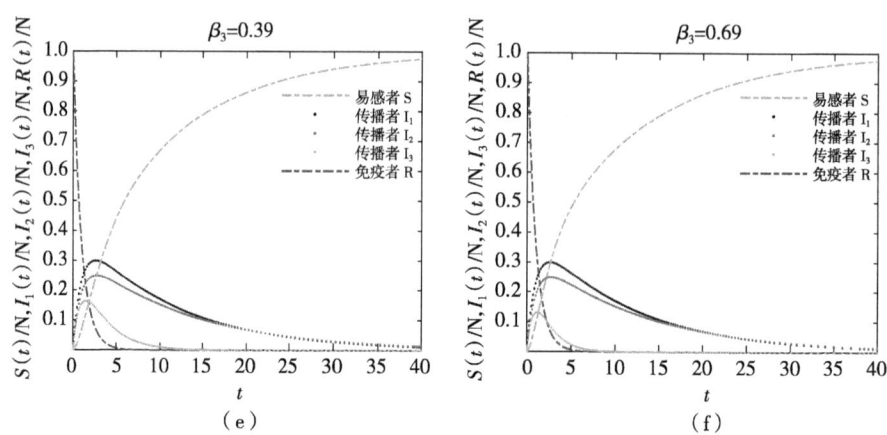

图 4.16　资源依赖型文化品牌影响因素免疫率变动仿真

度,且最大值不断减小,以文化品牌标识传播者的峰值下降趋势最为显著。说明在信息传播的后期传播者密度持续下降,逐渐转换为免疫者,随着对应免疫率的增加,使得文化品牌标识传播者传播范围受到的影响最大。

六、多情景文化品牌仿真分析

进一步将文化品牌分为老字号文化品牌、新兴科技文化品牌和资源依赖型文化品牌 3 类针对性地进行仿真实验,包括多情景下的传播现状,以及将各个影响因素的传播率和免疫率进行单量控制增减幅度得到仿真结果,通过对结果的分析得到了各个文化品牌类型下的传播特征。表 4.3 为在文化品牌信息传播过程中各类文化品牌随着传播率和免疫率变动而导致传播效果最显著的影响因素。

表 4.3　文化品牌传播过程变化最大的传播因素

传播率变化	文化品牌			
	大众文化品牌	老字号文化品牌	新兴科技文化品牌	资源依赖型文化品牌
对应传播率变动	文化品牌规模和特色传播者数量变动范围最大	文化品牌规模传播者数量变动范围最大	文化品牌规模和特色传播者数量变动范围最大	文化品牌规模和特色传播者数量增加范围最大

第4章 文化品牌传播的仿真实验与传播策略

续表

传播率变化	文化品牌			
	大众文化品牌	老字号 文化品牌	新兴科技 文化品牌	资源依赖型 文化品牌
非对应 传播率变动	文化品牌标识传播者数量变动范围最大	文化品牌特色传播者数量变动范围最大	文化品牌标识传播者数量变动范围最大	文化品牌特色传播者数量变动范围最大
对应免疫 率增加	文化品牌标识传播者数量变动范围最大	文化品牌特色传播者数量变动范围最大	文化品牌标识传播者数量变动范围最大	文化品牌标识传播者数量变动范围最大

对于老字号文化品牌，当前状态下，传播峰值是文化品牌特色的相关信息，说明最容易吸引受众群体进行传播的信息是文化品牌特色，表明当前对文化品牌特色信息感兴趣的人数最多，传播效果更加成熟。通过对传播效果进行干预，在信息传播初期，文化品牌规模受到对应传播率影响最大，说明只要提高对文化品牌规模的传播效果，就能得到更多的传播者，而信息传播后期，文化品牌特色则受非对应传播率和免疫率变动最大，说明其传播效果已经相对成熟，需要避免因其他信息的传播加快及自身的快速免疫而导致的传播效果减弱。

对于新兴科技文化品牌，目前自然状态下，文化品牌标识和文化品牌规模传播率一致，但前者免疫率相对较大，达到峰值最大的仍为文化品牌特色，且下降的趋势较为缓慢，说明文化品牌特色仍为传播最为广泛的信息，且最为大众所熟知和感兴趣，传播效果和群众忠诚度都很高。通过对传播力度的干预，可以看到文化品牌规模和文化品牌特色受到对应传播率影响最大，文化品牌标识受到非对应传播率和免疫率变动影响最大，说明在信息传播初期，通过加大对文化品牌规模和特色信息的传播，可以提高对文化品牌的传播效果，但是在信息传播后期，会加快降低文化品牌标识的传播效果，需要保证文化品牌标识的传播效果。

对于资源依赖型文化品牌，目前自然状态下，文化品牌标识和文化品牌规模的免疫率一致，前者传播率相对较大，3类传播者同时达到传播的高峰值，且文化品牌标识的峰值最大，说明能同时达到传播效果的最好时机，且文化品牌标识信息最为大众所熟知和感兴趣。通过对传播力度的干预，可以看到文化品牌规模和文化品牌特色受到对应传播率影响最大，而随着非对应传播率增加对文化品牌特色影响最大，免疫率变动对文化品牌标识影响最大，说明在信息传播初期，通过加大对文化品牌规模和文化品牌特色信息的传播，可以提高对文化品牌的传播效果，但是加大文化品牌规模传播力度的同时很大程度上会影响文化品牌特色的传播，且在信息传播后期因为大众不再感兴趣使得文化品牌标识的传播效果下降更快。因此，在信息传播前期，需要加大文化品牌规模和文化品牌特色的信息传播，注意在信息传播后期文化品牌特色和文化品牌标识的传播效果减弱。

以上仿真实验对3类文化品牌的3种影响因素的传播率和免疫率分别进行了同量的增减控制，真实量化了特定情境下在实际传播过程中的节点变化规律，为相关企业、政府和媒体等机构有效传播信息提供了理论基础。通过将文化品牌分为老字号文化品牌、新兴科技文化品牌和资源依赖型文化品牌3类，借助仿真实验更加明确地分析具有代表性的3种情境下的文化品牌的传播特征，进而提出具有更加针对性的政策建议。

第5章　文化品牌的传播策略

在社交网络快速发展的环境下，文化品牌需要凭借其独特的内在优势和传播效果，借助更多的网络媒体手段加快文化产业品牌化模式的创新发展及自身价值的快速融合，吸引更多的文化产业和机构加入构造文化品牌的发展模式，找到适合文化品牌发展的渠道和方式，最终推动文化产业的个性化和可持续性发展。本章结合仿真实验的结果对如何在发达的互联网社交网络下进行有效的文化品牌信息传播提供策略建议。

一、注重文化品牌的特殊性

力争打造文化品牌的差异化竞争优势。为了迎合市场需求，发掘精细化的市场目标和消费者定位，以差异化的发展理念进行产业创新和市场推广，保证文化品牌的独特性，注重创新能力的培养，尽可能地避免同质产品竞争。对于我国目前的文化品牌产业，区域文化和品牌效应差异明显，在历史悠久、深厚文化底蕴的区域可依托中华老字号的文化积淀作为竞争优势的老字号文化品牌；在经济发展不平衡的市场竞争中，发达地区和沿海城市较为倾向发展具有经济实力、人才优势和创新理念的新型科技文化品牌；而西南部、经济欠发达地区及少数民族聚集部落区域，拥有丰富的名胜景区、民族文化、特色资源优势，可优先发展资源依赖型文化品牌。

针对国家的文化品牌发展战略，将文化品牌产业根据不同的地区优势细分市场，以差异化战略针对性地发展区域文化品牌建设，并结合文化品牌影响因素针对不同的细分市场进行差异化内容的推广传播，根据各不同类型文化品牌在传播初期和后期的有利传播因素，可整合区域内集中的文化品牌类型中最具有优势的资源，打造最有力的独有传播内容。这样才能挖掘出文化品牌的创新发展道路，有利于构建出更具竞争力和开拓性的文化品牌。

二、老字号文化品牌要充分利用新媒体渠道

提高老字号文化品牌的传播效果，需要提高老字号文化品牌规模要素的传播力度和降低文化品牌特色自身的快速免疫，充分将新媒体渠道与传统推广媒介相结合，结合文化品牌的特殊性优势，采用多样化的综合营销策略。一个品牌要想得到长久的发展，仅仅依托本土的文化是不够的，还需要跟随时代的脚步，并借助新媒体的力量，在保留自身优秀品牌文化的同时，充分利用多种传播手段和途径。

在前期宣传过程中，要充分利用新媒体手段提升对老字号文化品牌规模要素的传播效果。老字号文化品牌规模意味着继承和传承，继承了传统中优秀的经营理念和完善的制作工艺，还要传承时代精神和创新精神，顺应时代潮流，吸收更多的资源和品牌优势，对文化产品保持创新设计理念。当前，受众群体更加关注文化品牌规模要素中的多类型资源和地区品牌结合，老字号文化品牌应该积极开发更多类型的相关资源，丰富自身的资源类型，加大与地区文化品牌的结合，注重衍生产业的发展，利用新媒体拓宽宣传渠道，在网站或者微博、微信、博客等自媒体传播渠道上发布产业多类型资源的产品信息，通过推广活动等方式促使接触到有效信息的大众群体成为信息的分享者，在社交媒体上自主发布相关信息，让更多的用户能够接触到自己感兴趣的文化品牌相关信息，从而更快更有效地成为文化品牌的传播者，可以显著改善文化品牌的传播效果，加大传播力度，改善当前大部分文化品牌不为大众所熟知的现状，扩大产业主导地位的辐射力和影响力。

在保证前期宣传效果良好的基础上，后期宣传过程中，要充分利用自媒体渠道潜移默化地提升对老字号文化品牌特色信息的传播效果，降低消费者对老字号文化品牌特色信息传播的免疫。当前，受众群体更加关注老字号文化品牌特色要素中的历史传统文化、地域文化等文化底蕴信息，而具有悠久历史文化本就是老字号文化品牌的发展基础和根本价值所在，已经流传甚广，为大众所熟知。因此，应在原有文化的基础上重点打造拥有文化创意的特色产品，保证优异的产品质量和完善的服务，并且根据文化类型和程度的差异，也需要采用更具即时性、互动性强的社交渠道进行宣传，自媒体的传播特点符合体验性强、个性审美的文化品牌产品，吸引更多群体的关注。

三、加大新兴科技文化品牌的营销投入

提高新兴科技文化品牌的传播效果，需要提高新兴科技文化品牌规模和特色要素的传播力度，并降低文化品牌标识自身的快速免疫。因为新兴科技文化品牌作为新发展的文化品牌，处于迅猛发展的初级阶段，因此，新兴科技文化品牌需要保持发展势头，增加对文化品牌传播的营销投入，加大传播力度。

在前期宣传过程中，要充分做好内容营销，提升对新兴科技文化品牌规模要素和特色要素的传播效果。伴随着 IP 概念和知识付费模式的爆发式兴起，以高质量内容为核心的内容营销成为新兴科技文化品牌的风向标。当前，受众群体普遍更加看重多类型资源和地区品牌相结合的规模要素，以及推陈出新、个性化、具有时代意义、高质量产品等创新要素，因此应该注重文化与科技相融合的多类型品牌资源规模及具有科技特色的产品创新，实施以品牌特色、文化理念、企业优势等多方面因素为核心的组合营销策略，在积极生产多类型主题的优质视频内容的同时注重对视频内容的大胆创新和产品质量，对多类型、敢创新、高质量的内容特点进行针对性的营销投入。此外，营销最大的特点就是注重消费者的体会，以消费者为中心，结合独特的文化产品、特色文化内涵、历史文化理念等内容实现文化品牌核心价值的体现和传播，明确不同消费者的体验需求，围绕各类型文化品牌的核心特色，确定营销主题，采取多样化、多途径、多资源的共融方式，建造营销场景，让消费者沉浸到独特的文化品牌体验中，达到营销传播目的。同时结合文化品牌的特殊性，开展体现区域特色的文化活动，成为城市发展过程的新的经济增长点。

在保证前期宣传良好效果的基础上，后期宣传过程中，要充分利用强有力的营销和维护提升对新兴科技文化品牌标识信息的传播效果，产生核心价值定位的新附加值，降低消费者对老字号文化品牌标识信息传播的免疫。当前，受众群体对文化产品、品牌形象等新兴科技文化品牌标识要素最为感兴趣，因此应该对优质内容的产品进行生产和创新的同时，也借助一些形象正面的流量明星进行多方面宣传，以名人效应为营销热点，扩大品牌影响力。另外，为了让品牌形象给用户留下深刻印象，企业需要设计具有辨识度的标

志性 logo，以文字或图片的直观形式向用户展示新兴科技文化品牌的文化信息和企业文化，通过品牌形象营销让用户一看到这些图标就联想到品牌形象，引发用户对新兴科技文化品牌的好感，进而实现新兴科技文化品牌的有效传播。

四、建立资源依赖型文化品牌即时的信息竞争策略

提高资源依赖型文化品牌的传播效果，需要提高资源依赖型文化品牌规模和特色要素的传播力度，并降低文化品牌标识自身的快速免疫。因为资源依赖型文化品牌以其原生态的自然景色、民族文化和自然产物为优势，具有市场化和产业化的价值，但是更加侧重于传统旅游业等传统产业，资源比较散乱，不集中，很难系统地进行管理和运营，因此要利用大数据等科技工具对资源依赖型文化品牌的产业链进行信息分析，针对性地进行资源利用和分配，更加有利于资源依赖型文化品牌的有效传播。

在前期宣传过程中，要充分做好信息资源的合理配置，提升对资源依赖型文化品牌规模要素和特色要素的传播效果。当前，受众群体更加关注多类型资源和地区品牌结合的规模要素，以及传统民族文化、地域文化、文化影响力等特色要素。随着大数据的应用，可充分利用区域文化资源和多类型自然资源，将资源依赖型文化品牌的多类型民族文化资源与产业品牌规模等相关信息进行联系、分析、共享等功能性处理，积极发展文化旅游、民俗演艺、民族节庆等多领域文化资源的营销推广机制和具有产业优势的文化活动品牌，与此同时还要积极推进文化科技创新融合，大力发展多元化创意民族服务业态，有助于将文化品牌信息进行内在融合，保证消费者的忠诚度。另外，可结合基于大数据的 LBS 平台，在系统中可直接获取对应受众群体的地理位置，实施更加精准的区域对应，在线上直接对受众群体发送针对性的地域文化信息和对产业多类型自然资源进行精准管理战略。同时，利用大数据技术追踪用户的接触环境，分析用户的文化资源体验经历，根据用户的消费特征精准定位确定营销主要潮流、确定地域品牌结合的方式，是互联网时代提高文化品牌传播效率、降低推广成本的重要技术路线，以此加强创新机制有助于营销策略的进一步优化。

在保证前期宣传效果的基础上,后期宣传过程中,要充分利用大数据技术提升对资源依赖型文化品牌标识信息的传播效果,降低消费者对资源依赖型文化品牌标识信息传播的免疫,因为在大数据时代用户信息呈现爆发式增长,面对越来越多样的消费选择和品牌产品信息,用户很难保持长久的品牌忠诚度,其中以资源依赖型文化品牌标识最为严重。而在当前形势下,受众群体对资源依赖型文化品牌的文化产品、代表人物和名胜古迹等标识要素相对更加感兴趣。因此,应加强文化品牌营销方向与用户的紧密程度,提供更加有针对性的个性化服务,可以在线上根据用户的搜索记录,进行相关地域景点、名胜古迹和文化产品的个性化推荐服务,以及及时获取用户地理位置,推荐距离用户最近景点的门票,减少消费者对资源依赖型文化品牌标识信息的消极态度,让现有文化品牌的受众和支持者保持对信息的持续关注和广泛自发推广,加强对文化品牌的传播并产生良好的效果。

参考文献

[1] 习近平在中共中央政治局第十二次集体学习时强调建设社会主义文化强国 着力提高国家文化软实力 [EB/OL]. (2013-12-31) [2018-04-12]. http://www.gov.cn/ldhd/2013-12/31/content_2558147.htm.

[2] 张珩,王园悦. 莫让传统体育文化被边缘化 [J]. 人民论坛,2017 (31):244-245.

[3] 梅·希约特. 丹麦电影与国际化策略 [J]. 牟百冶,译. 世界电影,2001 (4):31-43.

[4] 智研咨询集团. 2018—2024年中国文化产业市场竞争态势及未来发展趋势报告 [EB/OL]. (2018-06-01) [2019-01-12]. https://www.chyxx.com/research/201710/577038.html.

[5] LAMPEL J, LANT T, SHAMSIE J. Balancing Act:Learning from organizing practices in cultural industries [J]. Organization science, 2000, 11 (3): 19-26.

[6] 何佳讯. 品牌形象策划 [M]. 上海:复旦大学出版社,2000:5.

[7] ALDEN D L, STEENKAMP J B, BATRA R. Brand positioning through advertising in Asia, North America and Europe:the role of global consumer

culture [J]. Journal of marketing, 1999, 63 (1): 75-87.

[8] RAJAGOPAL. Conational drivers influencing brand preference among consumers [J]. Journal of transnational management, 2010, 15 (2): 186-211.

[9] GAMMOH B S, KOH A C, OKOROAFO S C. Consumer culture brand positioning strategies: an experimental investigation [J]. Journal of product & brand management, 2011, 20 (1): 48-57.

[10] HOLT D B. How brands become icons: the principles of cultural branding [J]. Harvard business school press books, 2004.

[11] 柏定国. 文化品牌学 [M]. 长沙: 湖南师范大学出版社, 2010: 198.

[12] 王钧, 刘琴. 文化品牌传播 [M]. 北京: 北京大学出版社, 2010: 106.

[13] 谢京辉. 文化品牌: 文化产业的灵魂: 基于上海文化产业发展的问题 [J]. 探索与争鸣, 2014 (7): 52-55.

[14] KEVIN L K. Strategic brand management [M]. London: Prentice Hall, 1998.

[15] 宋洋洋, 辛婷婷. 文化产品品牌评价指标体系构建与实证 [J]. 统计与决策, 2019, 35 (21): 50-53.

[16] 韩智慧. 文化产业品牌综合评价指标体系的构建 [J]. 统计与决策, 2018, 34 (6): 51-54.

[17] 张牧. 我国文化品牌创新发展路径探析 [J]. 长白学刊, 2019 (5): 142-148.

[18] 刘文俭. 城市文化品牌建设对策研究 [J]. 城市, 2009 (1): 71-75.

[19] DEHDARIRAD T, VILLARROYA A, BARRIOS M. Research trends in gender differences in higher education and science: a co-word analysis [J]. Scientometrics, 2014, 101 (1): 273-290.

[20] 王宗水, 赵红, 刘宇, 等. 社会网络研究范式的演化、发展与应用: 基于1998~2014年中国社会科学引文数据分析 [J]. 情报学报, 2015, 34 (12): 1235-1245.

[21] 李蕾. 逆全球化语境下的跨文化传播 [J]. 新闻与写作, 2020 (3): 4.

[22] 王秀丽. 新媒体视阈下传统文化传播的可视化媒介形象 [J]. 当代传

播，2019（5）：103-105.

[23] 王秋艳. 传统文化品牌新媒体传播策略探析：以宁波为例[J]. 新闻爱好者，2019（1）：53-57.

[24] AVICENNA F. Tourism 2.0：eWoM's dimensions how costumers consider eWOM to book hotels on trip advisor's websites?[C]//International conference on media and communication studies. ICOMACS, 2018.

[25] LEE M S, AN H B. A study of antecedents influencing eWOM for online lecture website：Personal interactivity as moderator[J]. Online information review, 2018（7）：1048-1064.

[26] 谢新洲，刘京雷，王强. 社会化媒体中品牌传播效果评价研究[J]. 图书情报工作，2014（14）：5-11.

[27] 段淳林. 从工具理性到价值理性：中国品牌精神文化价值提升战略研究[J]. 南京社会科学，2018（9）：111-119.

[28] 刘英为，汪涛，聂春艳，等. 如何应用国家文化原型实现品牌的国际化传播：基于中国品牌海外社交媒体广告的多案例研究[J]. 管理世界，2020，36（1）：88-104，236.

[29] PRAHALAD C K, HAMEL G. The core competence of the corporation[J]. Harvard business review, 2006, 68（3）：275-292.

[30] WALLE A H , GETZ D . Festivals, special events, and tourism[J]. Western folklore, 1994, 53（3）：253.

[31] 王兴全，王慧敏. 破局"千园一面"的文创园区品牌化升级模式[J]. 中国软科学，2017（5）：78-91.

[32] 张慧子. 基于空间维度视角的品牌传播策略演化[J]. 现代传播，2020，42（1）：138-142.

[33] 臧丽娜，任谦. 论"齐鲁文化修学游"品牌的跨文化传播路径构建[J]. 山东社会科学，2017（8）：124-130.

[34] 晏榕. 基于企业文化的品牌传播研究[J]. 新闻传播，2017（5）：106-107.

[35] 冯广圣，冯菊香. 基于"五W模式"的黑衣壮文化品牌传播路径研究[J]. 广西社会科学，2014（3）：49-53.

[36] 公克迪，涂光晋. 品牌跨文化传播理论的演进：基于文化心理距离的视角[J]. 当代传播，2017（5）：65-69.

[37] QIAN Z, TANG S T, ZHANG X, et al. The independent spreaders involved SIR Rumor model in complex networks [J]. Physica A: statistical mechanics & its applications, 2015, 429: 95-102.

[38] YUAN X P, WANG F, XUE Y K, et al. Global stability of an SIR model with differential infectivity on complex networks [J]. Physica A: statistical mechanics and its applications, 2018, 499: 443-456.

[39] LIU L, LUO X F, CHANG L L. Vaccination strategies of an SIR pair approximation model with demographics on complex networks [J]. Chaos, solitons & fractals, 2017, 104: 282-290.

[40] DOTTORI M, FABRICIUS G. SIR model on a dynamical network and the endemic state of an infectious disease [J]. Physica A: statistical mechanics and its applications, 2015, 434: 25-35.

[41] DI GIAMBERARDINO P, IACOVIELLO D. Optimal control of SIR epidemic model with state dependent switching cost index [J]. Biomedical signal processing & control, 2017, 31: 377-380.

[42] 杨艳平. 集群创新网络与区域文化嵌入机理研究：基于传播动力学理论 [J]. 科学学研究, 2015, 33 (1): 146-153.

[43] 张乾, 郭进利. "双感染"模型下复杂社会网络品牌传播研究 [J]. 商业时代, 2014 (12): 60-61.

[44] 宋波, 徐飞, 刘娴. 基于传染病模型的口碑对品牌传播的作用机理分析 [J]. 上海管理科学, 2012, 34 (1): 57-60.

[45] EAST R, UNCLES M, ROMANIUK J, et al. Social amplification: A mechanism in the spread of brand usage [J]. Australasian Marketing Journal (AMJ), 2017, 25 (1): 20-25.

[46] 江诗松, 龚丽敏, 徐逸飞, 等. 转型经济背景下国有和民营后发企业创新能力的追赶动力学：一个仿真研究 [J]. 管理工程学报, 2015, 29 (4): 35-48.

[47] 王展昭. 考虑重复购买因素的品牌竞争对新产品扩散的影响研究：基于小世界网络的仿真环境 [J]. 中国管理科学, 2019, 27 (12): 164-174.

[48] 揭丽琳, 刘卫东. 基于使用可靠性的产品区域保修差别定价策略系统动力学模型 [J]. 系统工程理论与实践, 2019, 39 (1): 236-250.

[49] 朱桂龙, 蔡朝林, 许治. 网络环境下产业集群创新生态系统竞争优势形成与演化: 基于生态租金视角 [J]. 研究与发展管理, 2018, 30 (4): 2-13.

[50] 彭慧洁, 朱君璇. 微信网络的信息传播模型研究 [J]. 现代情报, 2016, 36 (11): 37-42.

[51] 王长峰, 庄文英, 于长钺. 基于改进 SIR 模型的群体意见竞争演化研究 [J]. 情报杂志, 2017, 36 (10): 97-103, 136.

[52] 张牧. 文化品牌的民族性及其对民族凝聚力的影响 [J]. 理论探讨, 2016 (2): 172-176.

[53] ZHAO Y W. China's leading historical and cultural city: Branding Dali City through public-private partnerships in Bai architecture revitalization [J]. Cities, 2015, 49: 106-112.

[54] YANG J H, SHEN N. Building traditional brand through cultural features-research based on Chinese traditional brand [C] //International conference on information management. IEEE, 2011: 336-338.

[55] 欧阳友权. 中国文化品牌的特征及发展对策: 以《中国文化品牌报告》为例 [J]. 深圳大学学报 (人文社会科学版), 2009, 26 (4): 61-63.

[56] 贾垚焱, 胡静, 刘大均, 等. 中华老字号空间分布格局及影响因素研究 [J]. 干旱区资源与环境, 2020, 34 (3): 85-93.

[57] 侯式亨. 北京老字号 [M]. 北京: 中国对外经济贸易出版社, 1998.

[58] 商务部印发关于实施"振兴老字号工程"的通知 [EB/OL]. (2006-04-26) [2020-03-05]. www.gov.cn/gzdt/2006-04/26/content_266413.htm.

[59] 周城雄. 推动科技创新与文化产业融合发展的思考 [J]. 中国科学院院刊, 2014, 29 (4): 474-484.

[60] 肖怀德. 十大文化科技融合的产业发展趋势: 未来将诞生新兴的文化服务业态 [EB/OL]. (2017-11-18) [2020-03-01]. https://www.iyiou.com/p/60142.html.

[61] 张造群. 文化产业视域下优秀传统文化的现代价值 [J]. 社会科学战线, 2017 (8): 18-22.

[62] 程恩富. 文化经济学 [M]. 北京: 中国经济出版社, 1993.

[63] 周雅颂, 卢润德. 文化资源产业开发研究综述 [J]. 经济论坛, 2009

(6): 10-11.

[64] 段淳林,戴世富. 品牌传播学 [M]. 广州:华南理工大学出版社, 2009: 74.

[65] 王建南,方忠,陈伟雄. 打造文化品牌、提升福建文化知名度的思路与策略 [J]. 福建论坛(人文社会科学版), 2014 (5): 131-135.

[66] PENG L H, HUANG Y K. Research of cultural creativity and city branding flip-up chiayi city with features experience [C] //International conference on applied system innovation. IEEE, 2017: 73-75.

[67] 马知恩,周义仓,吴建宏. 传染病的建模与动力学 [M]. 北京:高等教育出版社, 2009.

[68] 罗荣桂,江涛. 基于SIR传染病模型的技术扩散模型的研究 [J]. 管理工程学报, 2006, 20 (1): 32-35.

[69] ZHOU J, LIU Z H, LI B W. Influence of network structure on rumor propagation [J]. Physics letters A, 2007, 368 (6): 458-463.

[70] 张薇,马卫. 基于SIR模型的社交媒体病毒营销传播机理研究 [J]. 江西社会科学, 2016, 36 (1): 222-228.

[71] 张健,李飞,齐林. "互联网+"环境下病毒营销信息传播机理研究 [J]. 情报科学, 2018, 36 (7): 51-57, 84.

[72] RODRIGUES H S, FONSECA M J. Can information be spread as a virus? viral marketing as epidemiological model [J]. Mathematical methods in the applied sciences, 2016, 39 (16): 4780-4786.

[73] 陈福集,游丹丹. 基于系统动力学的网络舆情事件传播研究 [J]. 情报杂志, 2015, 34 (9): 118-122.

[74] 范纯龙,宋会敏,丁国辉. 一种改进的SEIR网络谣言传播模型研究 [J]. 情报杂志, 2017, 36 (3): 86-91.

[75] ZHAO L J, CUI H X, QIU X Y, et al. SIR rumor spreading model in the new media age [J]. Physica A: statistical mechanics and its applications, 2013, 392 (4): 995-1003.

[76] 李涵曼,张志勇,赵长伟. 基于SIR模型的社交网络推手节点发现及信息传播抑制 [J]. 计算机应用与软件, 2016, 33 (6): 118-121.

[77] RUI X B, MENG F R, WANG Z X, et al. SPIR: The potential spreaders involved SIR model for information diffusion in social networks [J].

Physica A: statistical mechanics and its applications, 2018, 506: 254-269.

[78] YI J, LIU P Y, TANG X B, et al. Improved SIR advertising spreading model and its effectiveness in social network [J]. Procedia computer science, 2018, 129: 215-218.

[79] KERMACK W O, MCKENDRICK A G. A contribution to the mathematical theory of epidemics [J]. Mathematical and physical sciences, 1927 (115): 700-721.

[80] 刘丹, 殷亚文, 宋明. 基于 SIR 模型的微博信息扩散规律仿真分析 [J]. 北京邮电大学学报（社会科学版）, 2014, 16 (3): 28-33.

第二篇

文化品牌价值评估

第6章 文化品牌价值评估的背景与意义

文化品牌是指文化产业品牌化，是文化企业通过自身有效行为形成的具备影响力的无形资产。目前世界竞争格局已经从价格战转换为品牌战，为提高国际竞争力，我国非常重视品牌建设。2014年5月10日，习近平总书记提出"三个转变"的重要论述，其中一个就是强调中国产品需要向中国品牌转变[1]。随后，2017年国务院将每年5月10日设定为"中国品牌日"，重在打造中国强势品牌[2]。中国的品牌强国战略是全方位战略，覆盖所有产业，文化产业作为我国软实力的体现必须发展文化品牌。

发展文化品牌有助于促进文化产业发展，提高中华文明的影响力。对于企业来讲发展文化品牌可以提高自身的影响力，增加竞争力。文化企业大多依靠优质内容输出作为竞争点，但在今天信息大爆发时代，每个人都是内容生产者，竞争程度增加，品牌可以帮助企业获取持续关注度，使其在市场竞争中处于优势地位。对于文化产业而言，发展文化品牌可以提高产值。文化产业是一个知识化、智能化高附加值的服务性产业，品牌的树立可以增加文化的附加值，进而提高整个产业的产值。对于国家来讲，文化品牌有利于中国文化的输出，也有利于增强我国在社会舆论中的地位，从而增强竞争力。文化是国家软实力，打造强势中国文化品牌可以促进中国文化作品在国际市场传播，宣传我国文化，同时强大的文化品牌可以为我国获得更多的关注度，增加中国声音的影响力，进而提高我国在国际舆论中的话语权，提升综合国力。

对文化品牌价值进行评估，有利于文化企业明确自身品牌价值，加强文化品牌建设。我国文化品牌起步较晚，发展还不成熟，与西方国家存在一定差距。在2019年Interbrand品牌价值百强中，美国华特迪士尼公司排名进入前十，Netflix排名居第65位，在BrandZ排行榜中除了迪士尼、Netflix，新媒体YouTube也进入榜单，而我国文化企业可以进入榜单的大多是金融、科技类企业，比如华为在Interbrand中排名第74，中国工商银行在BrandZ中排名第 29，文化类企业均无缘进榜，因此需要对我国文化品牌进行评估，一方面通过价值评估可以使我国文化企业正确认识其品牌价值，找到与其他企业的差距；另一方面通过文化品牌价值评估可以明确影响我国品牌价值的影响因素，明确优势与劣势，促进文化品牌建设。

我国文化品牌评估目前存在评价指标体系片面，评估主观性强等问题，需要进一步完善。我国目前文化品牌价值评估还处于起步阶段，不同学者因研究对象、研究视角不同致使评估体系较为混乱，且从不同视角出发评估文化品牌也存在角度单一、指标片面等问题。另外，在评价方法方面，目前文化品牌价值评估多采用专家打分法，使评估结果的主观色彩较重，存在不客观和不精确问题。因此，针对文化行业特点，通过分析文化品牌价值来源、文化品牌价值形成过程，提炼了影响文化品牌价值的影响因素，构建了适合我国文化品牌的价值评估体系，并且运用定性、定量结合的方法降低评估结果的主观性，使评价结果更加客观合理。

品牌价值评估理论起源于 20 世纪 80 年代，发展至今已经取得了很多理论成果，但是没有一套评估体系与方法能够适用于评估文化类企业。因此，首先通过总结文化产业的特点，分析文化品牌价值形成过程，归纳影响文化企业品牌价值的影响因素，明确文化品牌评估的基本问题，提出了基本框架，构建文化企业评估指标体系，进一步细化品牌价值评估理论体系。其次，品牌价值评估模型纷乱繁杂，且大多数方法主观性比较强，致使评估结果带有主观色彩，精准度不高，基于此以国际知名评价方法 Interbrand 模型为基础并对其进行改进，弥补原模型主观性强、适用性低等缺陷，丰富品牌价值评估方法。

首先，对文化品牌价值进行评估可以指导企业品牌建设。通过对文化品牌价值影响因素的分析，第一可以明确对品牌价值有影响的主要因素，第二可以增强企业对自身品牌了解，包括在行业中的地位、品牌优势、品牌弱势，从而有针对性地建设品牌，加强品牌管理。其次，文化品牌价值评估可以规范品牌交易，品牌是可以交易的，或者说是可以并购的，因为知名品牌可以带来巨大的市场优势，所以品牌并购在市场中较为频繁，但是目前品牌交易市场比较混乱，大多实行私下交易，对文化品牌价值进行评估可以对品牌有个正确的评价，减少交易风险，促进市场良性发展。最后，文化品牌相当于文化企业的标签，对文化品牌进行评估可以让文化企业相关利益集团对企业有更好的认知，增加企业融资能力、建设能力和社会影响力。

一、品牌价值研究现状

为了解我国品牌价值的发展阶段及研究内容的变化，以文献统计分析为基础提取中国知网中1998—2019年CSSCI与品牌价值相关的文献数据，并对文献数据进行了社会网络分析，总结我国品牌价值研究各个阶段的特点及区别，以及品牌价值的研究现状。

分析数据主要来自中国知网数据库，搜索方式选取高级搜索，以品牌价值为主题词，文献类型为期刊，并且期刊来源类别是CSSCI[3]。检索日期为2019年12月25日，初步检索结果得到1419篇文献。经过人工筛选和数据预处理过程，删除了缺少作者信息、期刊约稿，以及研究内容与品牌价值有较大差距的条目，最终得到1374篇文献，每年的发文量及变化趋势如图6.1所示。

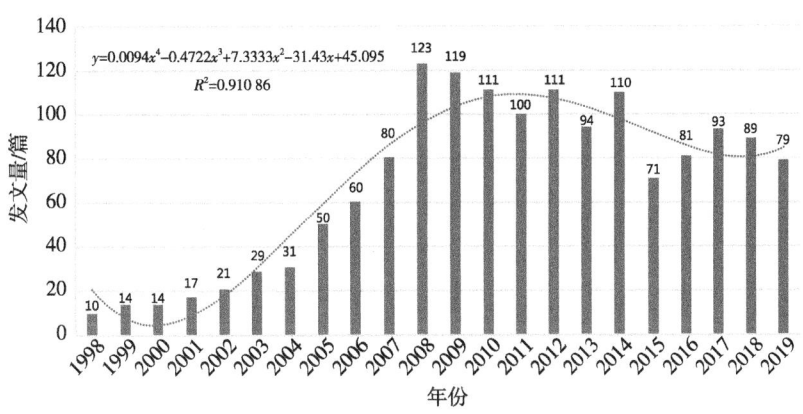

图6.1 1998—2019年发文量趋势

从图6.1可以看出，发文量总体趋势是递增的，到后面几年趋于平稳。趋势线函数是$y=0.0094x^4-0.4722x^3+7.3333x^2-31.43x+45.095$，其中拟合系数$R^2=0.91086$，已经接近1，说明拟合度很好，可靠性比较高。通过图中数据还可以发现，1998—2004年发文量很少，每年发文量均小于40篇。从2005年开始发文量开始快速增长，在2008年达到峰值。2008—2014年一直属于高峰阶段，后来虽有所下降，但是幅度不大，整体还是要比2008年以前的数量要多，但趋势趋于平缓。这说明2004年以前品牌价值只是少部分人研究的问题，可能没有可以统计出来的特点。自2004年以后品牌价值开始受到越来越多的关注。2008—2014 年发文量一直很高,说明这一阶段品牌价值是研究的热点问题。2014 年以后发文数量减少但幅度不大,说明研究向成熟方向发展。

为了分析各阶段研究内容的变化,利用 Pajek 软件根据中心性绘制了各阶段的关键词网络连接图[4]。参考已有研究,将中心性划分为 3 个层次:$Cc(v_i) > 0.5$ 的节点为核心层节点;$0.45 \leqslant Cc(v_i) \leqslant 0.5$ 的节点为中间层节点;$Cc(v_i) < 0.45$ 的节点为边缘层节点。在划分的基础上绘制关键词网络连接图,其中黑色节点代表核心层节点,灰色节点为中间层节点,白色节点为边缘层节点。

①阶段一:2003—2008 年。经过统计分析得到词频大于或等于 3 的关键词为 59 个。其中有 8 个核心层节点,占比 13.6%;有 19 个中间层节点,占比 32.2%。有 32 个边缘节点,占比 54.2%。进一步分析网络节点发现,中间层节点,媒体类词汇、出版社、电视节目、观众、节目等的度比较大,与其他节点连接较为密切。边缘层节点,品牌定位、品牌图书、电信、文化机构的中心性虽然较低但是度比较高,与其他节点联系密切,也得到了广泛的关注,如图 6.2 所示。

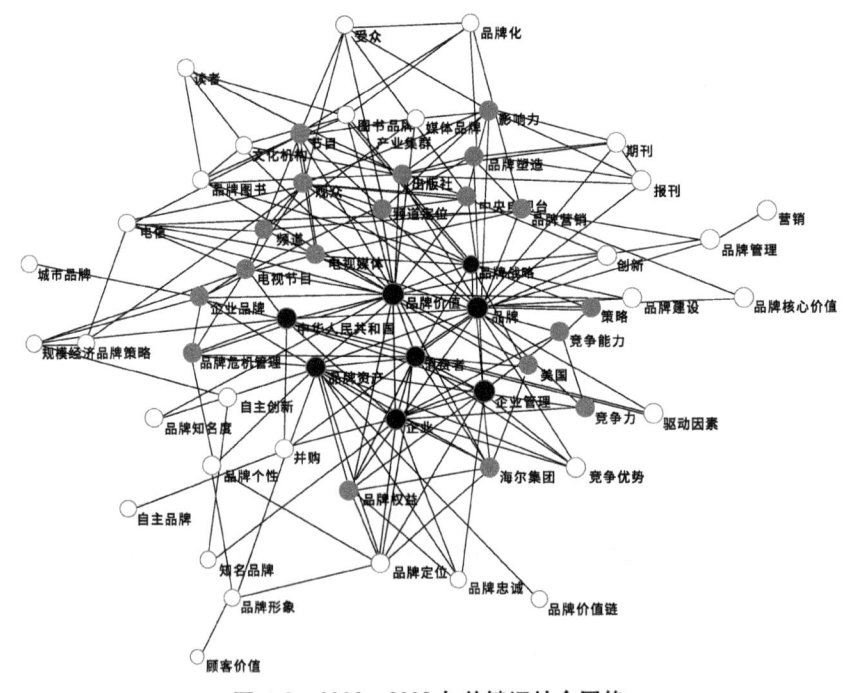

图 6.2 2003—2008 年关键词社会网络

②阶段二：2009—2014年。经过统计分析得到词频大于或等于3的关键词107个，明显高于阶段一。但是这一阶段核心层节点只有3个，分别为品牌价值、品牌和品牌资产，中心度分别是0.646 079、0.601 264和0.522 707。中间层节点较多，有16个，占总数的15.0%。共有88个边缘层节点，占总数的82.2%。与第一阶段相比核心层节点数明显减少，中间层节点基本持平，边缘层节点数明显增多且节点的中心度降低。对节点进行进一步分析发现，中间层节点媒体类词汇电视媒体和节目的度依旧较大，与其他节点联系依旧较为密集。另外，品牌形象、品牌战略的度也相对较大，说明这2个研究点逐渐得到了关注。在中心度较低的边缘层节点中观众、频道、企业品牌、媒体品牌、品牌忠诚和品牌评估的度较大，因此也是研究关注的重点，如图6.3所示。

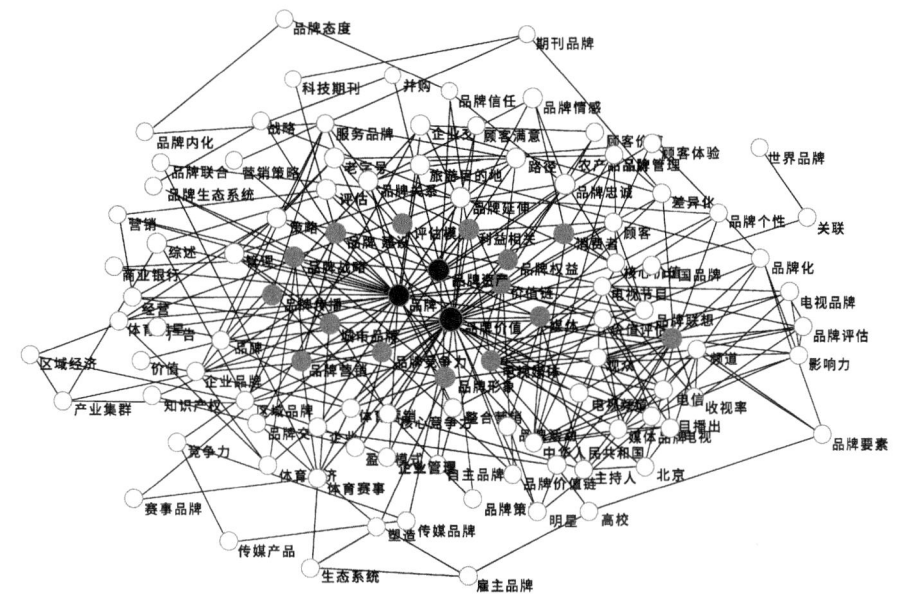

图6.3 2009—2014年关键词社会网络图

③阶段三：2015—2019年。经过统计分析得到词频大于或等于3的关键词75个，低于阶段二高于阶段一。核心层节点进一步减少，只有1个，即品牌，中心度为0.522 985。中间层节点明显减少，只有2个，分别为品牌价值和品牌资产，中心度分别为0.493 521和0.476 735。边缘层节点有72个，占总数的96%。核心层节点和中间层节点较前2个阶段进一步减少，边缘层节点继续增加，且节点的中心度进一步降低，说明研究趋于多元化发展。在整个网络中，除了中心度比较高、比较重要的核心层节点和中间层节

点外，边缘层节点中品牌自身特性的关键词如品牌认知、品牌建设和品牌战略等有较高的度，与其他节点联系密切，也是研究关注的热点。另外，一些新出现的词汇如价值共创和全球价值链也逐渐得到了关注，如图6.4所示。

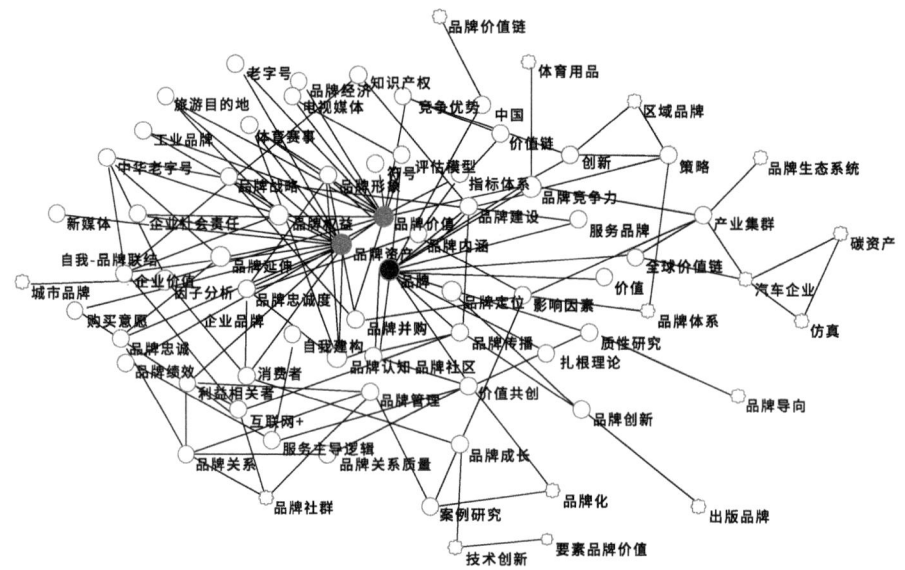

图6.4　2015—2019年中心性层次分布网络

综合比较3个阶段的网络中心性和网络结构可得到3点结论。第一，核心层节点和中间层节点数量逐渐减少，边缘层节点数量逐渐增加，表明研究趋于多样化发展。第二，研究中最主要的问题比较稳定，在3个阶段当中，无论是中心性、词频还是节点的度，品牌、品牌价值和品牌资产都是最高的，说明这3个问题一直关注度比较高。第三，每一个阶段会出现一些新的研究内容，如阶段二出现了品牌延伸、品牌形象等品牌自身特点的关键词。阶段三出现价值共创、全球价值链等关键词。因此，可以得到，品牌价值研究一直是一个热点问题，随着时间变化会衍生出不同研究内容，品牌价值的研究是具备一定理论意义与现实意义的[5]。

二、国内外主流品牌价值评估方法

品牌价值评价方法大约经历了3个阶段，第一阶段是最早期的借鉴会计学的财务评价法，第二阶段是目前应用最多的市场评价法，第三阶段是消费者评价法。对3个阶段的主要评价方法进行概述与对比分析,旨在找到适合文化品牌的评价思路。

(1) 财务评价法

财务评价法认为品牌是企业的无形资产,因此可以借鉴其评估方式进行评价,其中最主要的有3个,分别是成本法、市场法、收益法。

1) 成本法

成本法认为品牌价值是创建品牌所花费的成本。计算方式有2种,一种是历史成本法,一种是重置成本法。历史成本法把过去创建一个品牌所投入的全部费用,如广告费、研发费、专利费等累计相加得到的货币价值视为品牌价值;重置成本法是将以现在的技术条件、外部环境重新获得这个品牌所需要的投入视为品牌价值[6]。成本法的优势在于操作比较简单,但是成本法需要比较完整的历史资料来核算成本,对于大多数企业来说并不能提供品牌建设的全部成本材料,更重要的是品牌价值更多应该体现在未来能给企业带来的综合利益,但成本法无法体现这点,因此成本法通常在其他方法的条件无法满足时,将其作为补充而用的一种方法。

2) 市场法

市场法将近期与被评估品牌相似的品牌交易价格确定为品牌价值,并且根据外部条件可以做适当调整,市场法本质上是替代性思维,它认为理性经济人不会以高于相似品牌的市场价格收购品牌。具体计算公式为

$$品牌价值 = 参照物价格 \times 调整因子, \tag{6.1}$$

其中,调整因子与评估的时间、地点、功能有关[7-8]。市场法的评估条件比较苛刻,一是市场上必须存在类似的交易;二是存在的交易市场必须是完全竞争且公开的。目前,我国并不存在品牌交易市场更遑论完全竞争的市场环境,2个条件均不满足。因此,运用市场法评估品牌价值存在较多问题,评估值差异较大,在我国运用的并不多,但是在西方存在比较成熟的交易市场的国家用得较多。

3) 收益法

收益法是将企业未来的获利能力量化为预期收益并折现为现值的一种资产评估方法,收益法利用折现率将企业预期持续经营时间内的预期收益贴现求和,将现值和作为企业的品牌价值,具体计算公式为

$$V = \sum_{t=1}^{N} \frac{U_i}{(1+r)^t}。 \tag{6.2}$$

其中，N 为预期持续获利年限，r 为折现率，U 为预期收益[9]。相比前 2 种方法，收益法的评估条件较为宽松，只要求企业可以持续经营，并且具备获得收益和抵御风险的能力，收益法还考虑了未来的盈利能力，计算方法也不复杂，因此是财务评价方法中最常用的方法[10]。但是，收益法的收益年限与折现率的确定难度较大，衡量指标与测算办法不尽相同，其中往往又含有主观因素，因此往往会造成评估结果的偏差。

财务评价法只考虑了企业的财务状况，然而财务数据都是历史数据，只能体现品牌价值的一部分，对于更能体现品牌价值的未来收益和市场表现则无法测量。而且财务评价法容易让企业只追求短期利益，而忽略长期发展，无法指导品牌很好地进行品牌管理，所以财务评价方法是比较早期使用的评价方法，但是为品牌价值评估理论奠定了基础，后续的方法都将其融入框架中去。

（2）市场评价法

由于品牌价值需要在市场活动中体现，所以学者将市场因素引入了品牌价值评估技术中，形成了财务+市场评价模型。这其中比较典型的是 Interbrand 品牌价值评估法、BrandZ 评估法、世界品牌实验室法及北京名牌资产评估法等。

1）Interbrand 品牌价值评估法

Interbrand 品牌价值评估法是英国著名品牌咨询公司 Interbrand 提出的，是目前认可度最高的评估法。Interbrand 评估法的设计思想是品牌的价值在于未来给企业带来的综合利益，因此其设计了一个贴现率，将未来收益转化为现值[11]。具体计算公式为

$$品牌价值 = 品牌收益 \times 品牌强度, \quad (6.3)$$

其中，

$$品牌收益 = 沉淀收益 \times 品牌作用指数。 \quad (6.4)$$

其中，沉淀收益是指无形资产带来的收益，由企业财务指标计算得出，未来沉淀收益通过历史 3 年按 3、2、1 的权重加权平均求出；品牌作用指数是行业专家给出的[12]。品牌强度是由 7 个因素决定的并且每个因素有其最高得分，具体内容如表 6.1 所示，专家会对 7 个指标进行打分，最后通过转化因子将得分转化为品牌强度[13]。

第6章　文化品牌价值评估的背景与意义

表6.1　Interbrand 评分表

指标	最高得分
领导性	25
稳定性	15
市场性质	10
行销范围	25
品牌趋势	10
品牌支持	10
品牌保护	5

Interbrand 模型只适用于规模比较大的成熟企业[14]，第一，所评估的企业的营业利润必须大于有形资产的收益，否则沉淀收益将会是负数，继而导致品牌价值为负数，这一点需要成熟公司才能达到；第二，其品牌强度的7个衡量指标对于成长期的企业来讲均处于劣势，不适用。与 Interbrand 评估法类似的还有 Financial World 法和 Sinobrand 法。

2）BrandZ 评估法

BrandZ 评估法是由英国最大传播集团 WPP 于1998年提出的，其每年发布的"BrandZ 最具价值全球品牌"是目前世界上认可度最高的排行榜之一[15]。在方法上 BrandZ 采取与 Interbrand 方法类似的思路，首先是确定品牌的财务收益；其次是确定财务收益中品牌的贡献度；最后根据品牌的市场表现力确定品牌的发展潜力[16]。计算公式为

$$品牌价值 = 品牌收益 \times 品牌贡献 \times 品牌动能, \quad (6.5)$$

其中，品牌贡献是通过分析 BrandZ 数据库中消费者问卷比较消费者做出购买决策多大程度是因为品牌。品牌动能是根据财务数据、消费者数据、市场因素、风险因素等多维度分析得到的一个 1~10 的乘数，但需要注意 BrandZ 评估的是产品或者服务的品牌，基本单位并不是企业，所以如果一个企业有多个品牌需要将其根据公司年报或者 Kantar Worldpanel 等财务信息进行划分[17]。

BrandZ 评估方法最大的优势是其强大的数据库，评估的指标源自海量真实数据使得结果更加真实可靠[18]。另外，BrandZ 评估法还考虑了消费者因素与国别差异，考虑的因素更加全面[19]。但是 BrandZ 的评估方法是比较

复杂的,并且强依赖其数据库,所以应用起来,可操作性较低,难度较大[20]。

3）世界品牌实验室法

世界品牌实验室法是由经济学家罗伯特·蒙代发明的,该方法被广泛地认可并用于企业并购当中。世界品牌实验室法也采用与上面相同的思路,具体计算公式为

$$品牌价值 = 业务收益额 \times 品牌附加值指数 \times 品牌强度系数, \quad (6.6)$$

其中,业务收益额是现在基期的前三年和未来两年的收益的加权平均数,而收益是通过经济附加值法求得的,世界品牌实验室法最大的优势是开发了品牌工具箱用以测算品牌附加值指数,品牌强度也是通过专家对指标打分得来的,指标主要涉及市场环境、品牌建设情况等[21]。

世界品牌实验室法与 Interbrand 一样只能测评比较成熟的企业,处于成长期的企业估值会偏低,处于衰退期的企业估值会变低。另外,品牌强度的测量通过专家打分,相比 BrandZ 显得主观。但是世界品牌实验室开发的品牌附加值工具箱对于品牌价值评估的发展做了很大的贡献,除此之外还进行了行业区分。

4）北京名牌资产评估法

北京名牌资产评估法原理上与 Interbrand 大致相同,但在评价指标上考虑了中国的市场特点。具体计算公式为

$$P = M + S + D, \quad (6.7)$$

其中,P 为品牌价值,M 为市场占有能力,S 为品牌创利能力,D 为品牌发展潜力。市场占有能力主要根据销售收入进行测量,品牌创利能力是指企业营业利润率超过行业平均利润率的部分,品牌发展潜力用来衡量品牌在未来多大程度上可以给企业带来稳定收益的指标,这里是根据品牌的研发投入、广告营销投入、出口能力、企业文化、国际化程度等指标来测算的。在得到三部分指标之后,按照 4∶3∶3 的权重相加得到最后的品牌价值,权重根据产业的不同可能会做出调整[22]。

北京名牌资产评估法本质上与 Interbrand 并没有差别,只是将利润指标替换成了市场占有能力指标,这样做的原因是我国市场经济起步较晚并不成熟,以利润指标衡量难度较大。另外,北京名牌资产评估方法很看重市场占有率这项指标,有很大的可能误导企业不停地扩大市场来提升品牌价值。

市场评价方法在财务因素的基础上考虑了品牌对未来收益的情况,相比

于财务法有所改进,但各种市场评估法都没有考虑到品牌价值的本质来源——消费者心理,使得市场评估法的理论深度不足,而且不同的市场评估法因为计算方式、数据来源、数据量不同,数值结果可能存在较大差异。

(3) 消费者评价法

消费者评价法认为品牌价值来自消费者对品牌的看法,影响品牌的未来,因此对品牌价值有重要的影响。

1) CBBE 评价法

Keller 提出的 CBBE 模型是消费者评估法中最经典的模型之一,Keller 认为品牌之所以有价值是因为品牌可以让消费者产生差异化反应,而这种反应来源于品牌知识,品牌知识包含 2 个方面,一个是品牌形象,另一个是品牌意识,形成过程包含 4 个步骤,第一是品牌标志,需要明显化;第二是品牌含义,品牌需要树立独特形象与含义;第三是品牌反应,包括消费者的感觉与评判;第四是品牌关系,需要品牌与消费者产生共鸣。CBBE 模型对于企业进行品牌建设具有指导意义,因为它明确地指出了构建强势品牌的因素及方式[23]。

2) 品牌资产十要素

Aaker 的品牌资产十要素模型是最具有代表性的基于消费者的品牌价值评估模型之一,1991 年 Aaker 提出品牌价值应该由品牌知名度、品牌忠诚、品牌认知、品牌联想和其他专项资产 5 个方面共同决定,1996 年 Aaker 又将模型扩充为 10 个要素,如表 6.2 所示[23-26]。

表 6.2 品牌资产十要素表

品牌知名度	测度指标
品牌认知	领导力、受欢迎度、品牌认知
品牌联想	价值认知、品牌个性、企业联想
品牌忠诚	溢价效应、品牌满意度
其他	市场占有率、市场价格

品牌资产十要素模型的优点在于它在市场因素的基础上考虑了消费者因素,并且没有发展时期与品牌类型的限制,但是对不同的行业没有做区分,如果评价不同行业可能需要对指标进行调整,而且评价指标体系过于主观,实施难度大[27-32]。

3) 忠诚因子法

忠诚因子法是我国学者范秀成使用的一种方法，范秀成认为品牌价值的深层次来源是消费者，并从消费者行为理论深入分析了消费者与品牌价值的联系。范秀成还规定了品牌价值评估的3项原则，一是着眼未来，品牌最大的价值应该是在未来给企业带来效益；二是采用余值法，企业受益是由许多元素共同决定的，需要提炼品牌创收部分，否则会夸大品牌价值[33]；三是品牌价值应该反映品牌资产的主要来源，测评指标应该具有灵活性，客观地反映导致品牌价值变化是由哪个指标引起的[34]。基于以上原则范秀成提出了品牌价值评估忠诚因子模型，其计算公式为

$$品牌价值=忠诚因子×周期购买量×时限周期数×理论目标顾客基数× \\ (单位产品价格-单位无产品价格), \quad (6.8)$$

其中，忠诚因子是这个模型的核心要素，它衡量的是在企业的目标群体中有多少人会重复购买，这个指标可以很好地反映品牌的吸引力和品牌忠诚度[35]。

品牌忠诚因子法综合考虑了市场因素、消费者因素、财务因素，是一种比较综合的评价方法，但是企业市场很大，消费者巨多，对于购买周期、购买时限、回购率等指标的测算困难程度较大，操作上的可行性需进一步加强。

4) 品牌财产评估电通模型、品牌资产趋势模型和品牌资产引擎模型

品牌财产评估电通模型、品牌资产趋势模型、品牌资产引擎模型都是需要基于大量的问卷调查数据而展开的模型，但具体的操作方式与评估的侧重点均不相同，下面将会对3种模型进行比较分析。

品牌财产评估电通模型对消费者的调查分为4个方面，分别是品牌差异性、相关性、品牌地位、品牌认知度。品牌差异性主要考查本品牌的独特程度，是否能与其他品牌区分开来。品牌的相关性主要考查品牌是否可以和消费者需求切合。品牌地位主要考查品牌在市场中的地位及消费者对品牌的认可度和尊重度。品牌认知度主要考查消费者是否了解品牌内涵、品牌价值。根据消费者评估结果，电通模型规定了2个评价指标，分别是品牌强度和品牌高度。

$$品牌强度=差异性×相关性, \quad (6.9)$$
$$品牌高度=品牌地位×品牌认知度。 \quad (6.10)$$

由此构成了品牌力矩阵，用以判别企业处于新进入品牌、潜在力品牌、领导者品牌、衰退品牌中的哪个阶段[35]。

品牌资产趋势模型调查的指标主要分为 3 个，即品牌认知度、品牌认知质量、消费者满意度。品牌认知度是消费者对品牌的认知比例，可以分为提及、提及前、提及后 3 个阶段。品牌认知质量与品牌档次和市场占有率有很大的关系，这是资产趋势模型中最核心的因素，它直接决定了消费者对品牌的信任程度，以及是否会向他人推荐该品牌。消费者满意度是品牌消费者对品牌满意度的平均数[36]。

品牌资产引擎模型的设计重点在品牌形象，认为品牌资产的源头是消费者对于品牌的看法。品牌形象分为 2 个部分，一部分是消费者可以感知到的品牌质量、品牌功能，另一部分是消费者获得的超越功能价值的情感利益，基于此确定了 2 项指标，即品牌亲和力和品牌功能利益，品牌亲和力又可拆分为品牌权威性、品牌认同、品牌社会承认度。品牌资产引擎模型根据设计的统计程序，拆解每项指标的得分，从而确定哪个因素对品牌价值的贡献大，哪项指标贡献小，从而指导企业品牌建设[37]。

3 个模型虽然方法不同，但历年来给出的排行榜出入不大，证明基于大量数据的测算方法有一定的科学性，但是这 3 个模型都需依靠庞大的数据系统进行测算，且对问卷设计要求很高，需要由大型机构来执行，可操作性不高，且并没有给出品牌价值的具体数值，不利于企业对自身价值的评估。

5）高级品牌评估

高级品牌评估认为消费者的需求决定了品牌的价值[38]，Oliver 将消费者对品牌的心理作用量化，引入到品牌的财务价值中。财务分析由分离、预测、风险、战略选择 4 个模块组成，第一个是区分企业价值的品牌因素和非品牌因素，第二个是预测品牌未来短期收益，第三个是预测品牌未来风险，第四个是计算不在品牌计划中的内容。该模型的品牌心理力量由 GfK 公司的品牌潜力指标表示[39]。

消费者评估方法基于品牌价值的本质出发，研究了消费者对品牌价值的影响，并且分析了不同因素对品牌价值的贡献，可以很好地指导企业进行品牌建设，但是大部分评估模型没有最后给出品牌价值的数值，而且部分方法基于问卷调查与访谈，操作难度较大。

综上所述，可以得出，品牌价值评估经历了 3 个阶段，如图 6.5 所示，3 个阶段在理论上是逐渐深入的。财务评价法是最开始使用的评价方法，优点是数据比较容易获得，但是没有考虑品牌的未来价值，容易导致企业追求短期利益。市场评价法综合考虑了财务与市场因素，相对来讲更为全面，更有利于指导企业对自身品牌价值有正确的认识，但是缺少对消费者因素的考虑，需要改进。消费者评价法理论阐述深刻，考虑到了品牌价值的深层次来源，但是消费者评价法大多不考虑财务因素无法给出具体的数值，缺乏客观性，而且评价方法操作性不高。

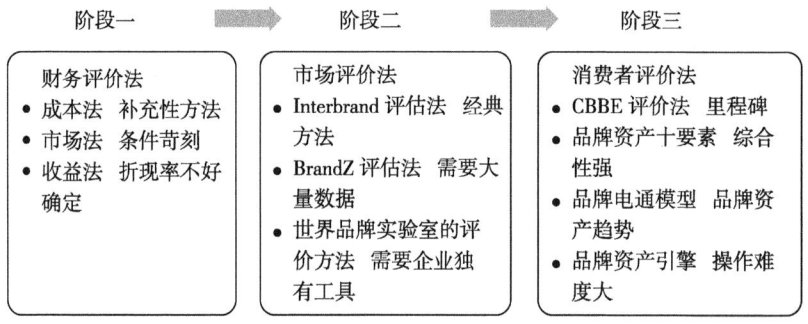

图 6.5　品牌价值评估方法演进

目前没有比较主流的方法可以很好地融合 3 种评价方法的优势构建综合全面的品牌价值评估模型，而且评估方法存在主观性强的劣势，基于此融合各个模型的评估思路，以 Interbrand 模型为基础，在其基础上考虑消费者因素对品牌价值的影响，并且利用 AHP-BP 神经网络测算品牌强度，构建文化品牌价值总和评价模型，使得结果更加精准。

第7章 文化品牌价值影响因素与指标体系

一、文化品牌内涵与形成机制

(1) 品牌的定义

品牌这个概念来源于美国市场营销协会,他们认为品牌是一个名称、标记、象征或设计,或它们的联合体。之后营销学大师 Aaker 和 Keller 对品牌定义进行了补充,他们认为品牌来自消费者对品牌营销的差异化反应,是消费者心理活动的汇总[40]。我国对品牌比较权威的定义来自 GB/T 29185—2012《品牌价值 术语》,其认为品牌是与营销相关的无形资产,包括(但不限于)名称、用语、符号、形象、标识、设计或其组合,用于区分产品、服务和(或)实体,或兼而有之,能够在利益相关方意识中形成独特印象和联想,从而产生经济利益(价值)[42]。由此认为品牌有2层含义,外在含义是一系列名称与符号的组合体,目的是用来区分产品,内在含义是通过营销活动让消费者产生独特反应,从而带来经济利益的物质。

(2) 文化品牌的定义

文化品牌是品牌基础上细分的一个领域,因此文化品牌具有品牌所有含义,同时还具备文化领域的特点。第一,文化品牌是文化产业品牌化的结果,所以文化品牌的研究必须针对的是文化行业,具体包括艺术、娱乐、新闻、出版、广播、电视等。第二,由品牌的定义可知,文化品牌应该是文化类产品与服务的符号、名称、象征的组合及消费者对文化产品的差别反应总和。第三,文化品牌需要凝聚文化的精神力量与经济价值,即文化品牌在创建时应该先有文化,在文化的基础上融入品牌,品牌的定位需要强调精神力量,与消费者建立情感共鸣[41,43]。又因为文化传媒行业的业务范围广泛地包含了艺术、娱乐、新闻、出版、广播、电视,所以聚焦于文化传媒行业讨论文化品牌,根据文化传媒产业发展报告,这个行业主要包括3个板块即传统纸质媒体、电视电影广播媒体、新媒体,本书的讨论也仅限于这 3 个板块,将文化品牌定义为文化传媒企业在品牌方面的外在符号组合、内在消费者独特心理及精神价值的总和,品牌与文化品牌的关系如图 7.1 所示。

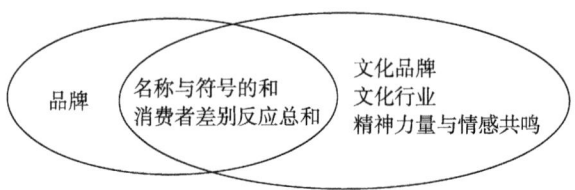

图 7.1　品牌与文化品牌的关系

(3) 文化品牌价值的内涵

文化品牌是品牌在文化领域上的表现[44],因此文化品牌价值与一般的品牌价值应具有相通性,品牌价值的研究始于 20 世纪 80 年代的广告学,其基本含义是指品牌带给产品的高出其本身价值的附加价值,具体来看,在文化品牌上,附加价值包含 4 个部分,分别是财务价值、市场价值、消费者价值、社会价值[45-46]。

财务价值是指文化品牌可以计算出来的金额,即创建与发展品牌的投入部分[47]。它包括 2 个方面的含义,第一方面是为了创建与发展品牌,企业在品牌建设上的成本,这种成本可以是历史成本,即过去所有投入的数字和,也可以是重置成本,即以现有的环境为基准,过去所有投入的现值和;第二方面是随着品牌的发展,它变成企业的无形资产,可以给企业带来超额收益。

市场价值是品牌给企业或者产品带来的市场权利总和。市场优势分为 3 个部分,第一是相比于同类无产品品牌,企业额外获得的市场份额;第二是企业在市场上通过营销活动扩大的市场知名度,培育的领导力;第三是降低企业的市场风险[48]。

消费者价值是消费者对品牌的差异化反应及从品牌中获得的利益[49]。总体来讲,消费者价值包含 2 个部分,第一部分是对于企业来讲品牌价值在于企业经过一系列活动培养的消费者差别化反应,促使消费者在众多同类产品中选择本品牌;第二部分是品牌对消费者的信息价值。

社会价值是文化品牌对于全社会所有相关人员的贡献,这是文化品牌独特的价值。由文化品牌的定义可知,文化品牌需要具备文化性和情感共鸣,因此其可以促进文化企业积极履行责任,包括继承与弘扬传统文化、宣传社会正能量，引导社会舆论，营造良好社会氛围的责任，这使得全社会所有成员从中获益，形成社会价值。另外，文化品牌通过娱乐化内容产品的输出可以满足社会不同群体的精神需要，保证精神富足，提高集体的精神文明。最后文化品牌也促进文化企业履行一般的社会责任，如交税、提供就业保证等，对于整个社会发展都是有价值的。

综上所述，认为文化品牌价值包含4个部分内容，分别是文化企业创建品牌投入的人力、物力及获取的超额收益，文化企业因为品牌获取的市场权利，文化企业培养的消费者差异心理，以及文化企业给全社会精神文明的贡献。文化品牌是财务价值、市场价值、消费者价值、社会价值的有机统一。

二、文化品牌价值来源

文化品牌主要有4个方面价值，如图7.2所示，但是这4个方面价值来源是不同的，其中财务价值与市场价值主要来自企业，消费者价值来自消费者，社会价值来自其他的利益相关者。

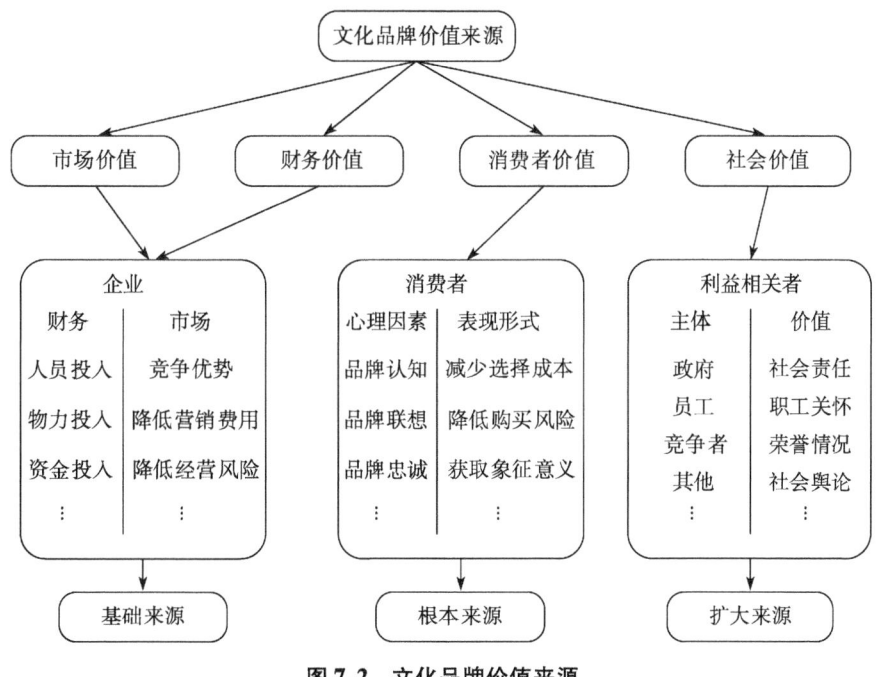

图7.2 文化品牌价值来源

财务价值依靠企业的投入，市场价值依靠企业的营销活动，因此文化品牌的财务价值和市场价值都来自文化企业，并且这是文化品牌的基础来源，一方面企业为了建立品牌需要投入大量的人力、物力，如以品牌的物化代表商标来说，企业设计一个商标需要凝聚语言学家、社会学家、心理学家、设计师等多方的劳动和心血，投入大量的资金，另外，企业为了保证品牌质量，在后期的品牌营销，如广告投入、营销渠道、营销方案上也需要投入大量的资金，这是品牌价值的基础来源，也就是说如果企业不投入劳动与资本进行品牌建设也就不会有品牌价值。另一方面，对于企业来讲，品牌价值还来源于品牌给企业的市场活动，第一，企业通过市场活动打造强势品牌可以给企业带来市场优势，使其竞争力远超其他同类型企业；第二，品牌可以降低企业的经营风险，品牌可以为企业获取长期的忠诚客户，抵御竞争者的攻击，降低经营风险；第三，品牌可以扩大文化企业的市场份额。市场来源是品牌价值的主要来源，如果品牌对于市场没有作用，那对于企业不会形成价值。

消费者价值来自品牌的消费者心理，这是品牌的根本来源，品牌如果不能对消费者心理产生反应，那么品牌无法作用于市场与其他利益相关人，更无法形成价值。一方面，品牌通过活动会对消费者选择构成影响，品牌通过活动在消费者潜意识里形成碎片信息，之后消费者会形成一个有关该品牌的知识网络也就是品牌联想，成功的品牌可以激发正向联想，最终促进消费者选择消费，而且好的品牌在消费者多次购买后可以逐渐培养其忠诚性，这些都是品牌的隐形价值，虽然不能直接通过数字体现，但是没有消费者价值，其他价值也无法实现。另一方面，对于消费者而言，品牌对于消费者有信息价值，这是因为：①品牌简化了消费者的选择成本，品牌中凝聚了企业产品与服务的定位、功能、质量等综合信息，消费者看到某个商标便可以联想到与品牌相关的信息，减少了其搜索信息的成本、比价的时间。②降低购买风险，提高购买可靠性，权威品牌一般都是通过社会检验与国家认可的，相对比较可靠，不会出现产品质量有缺陷、产品溢价过高等威胁消费者利益的风险。③满足心理需要，有的品牌是具备象征意义的，可以隐形地代表身份、地位，消费者为了获取品牌的声誉与权威来满足自己的心理需要，愿意选择品牌产品，促进品牌价值增值。

社会价值来自利益相关者，随着服务经济、服务贸易和互联网经济的发展，品牌不再单一作用于企业与消费者，而是作用于拥有品牌的企业、供应商、中间商、消费者、竞争者、媒体、政府等整个生态圈,政府会关注企业是否履行社会责任,包括弘扬文化、经营合法性、纳税情况、提供就业等,媒体关注文化企业的社会舆论,竞争者关注品牌的美誉度、获奖情况,员工关注社会保障,企业及其上下产业链关注文化品牌的市场力量。这些社会上所有利益相关人员对品牌的看法都会影响品牌形象,从而影响品牌价值[50]。

三、文化品牌价值实现过程

文化品牌价值的3个方面来源通过参与品牌价值链的不同环节来实现[51]。具体来讲,企业主要参与文化品牌的创造与传递过程,实现财务价值与市场价值,消费者主要参与文化品牌的消费者选择过程,社会价值则在最后的实现过程中体现出来,通过已有研究[52-54]总结出其基本过程如图7.3所示。

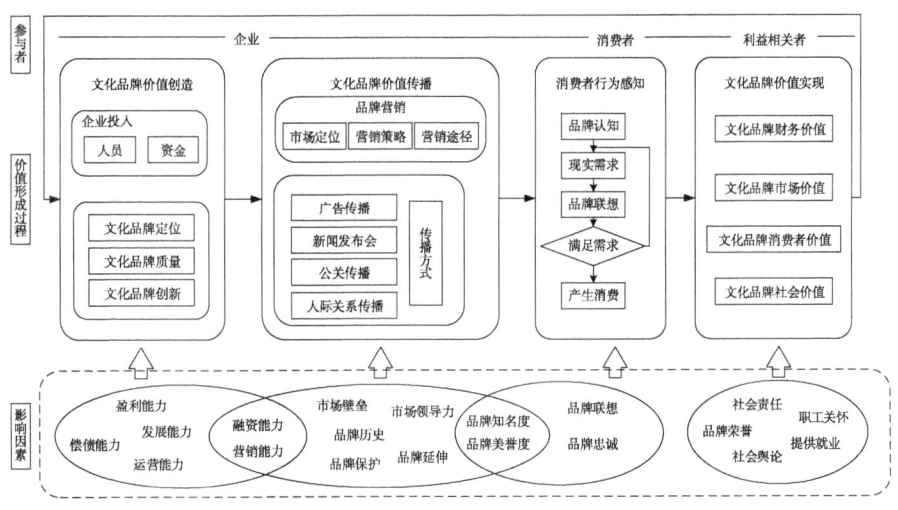

图7.3 文化品牌价值实现过程

文化品牌价值的创造是文化企业创建品牌的过程。在这一过程中,文化企业首先需要投入大量的人员与资金研究自身品牌,明确品牌定位,根据自身的定位花费心血设计品牌的商标、宣传标语等能代表品牌的客观事物,这是品牌价值的先决条件;其次文化企业需要投入大量的资金保证其内容输出质量,好的内容才能满足消费者需求,才能更大可能地产生情感共鸣,从而建立信任培养消费者的忠诚度,为品牌价值打下基础。在此基础上文化企业还可能需要不断地雇佣员工，注入资本去进行品牌创新，让品牌能够适应不断变化的市场环境。总之，品牌价值创造阶段是一个不断投入的阶段，在这个阶段中企业的财务能力会对品牌的财务价值产生重要的影响，通过观察重点财务指标可以直观地反映出文化企业是否能够承担足够的品牌成本，重要指标包括偿债能力、营运能力、盈利能力、发展能力。

文化品牌的传递是指把文化品牌从企业端传递到消费者端，去获取更多的消费者认知与认同。文化品牌创建的同时需要通过一系列的市场手段把品牌传播出去，让消费者对品牌产生认知，进一步提升品牌的知名度、美誉度，最终产生市场效应，获取市场优势，回馈企业之前所做的努力，否则企业创建品牌将变得没有意义。文化企业实现品牌价值传递的主要手段是市场营销，首先根据品牌内涵找到市场定位与目标客群，根据目标用户制定营销策略，之后找到相关营销渠道完成品牌营销活动。文化品牌价值营销实现的具体方式具有多样性，主要有广告传播、新闻发布会、公关传播或人际关系传播。在这个过程中营销的效果主要受 3 个方面因素的影响，第一方面是文化行业的市场状态可以通过市场壁垒来判断，稳定的市场状态可以促进有效传播；第二方面是文化企业的自身的市场能力，包括融资能力、营销能力、市场领导力；第三方面是企业自身的品牌建设状态，包括品牌建设历史时间、品牌的保护意识、品牌的延伸能力。总之，品牌的传递效果是由多方面因素共同决定的，所以在制定营销策略时需要一个全面的把控能力，才能传递更多的品牌信息，达成营销目的，实现品牌的市场价值。

消费者选择是消费者在经过文化企业市场营销后产生的心理感知和行为选择。首先在上一个过程中企业通过各种各样的营销手段向消费者传送品牌知识，消费者在无形中接收了许多与这个品牌有关的碎片化认知，以信息点的形式存在于大脑中。当消费者有相关需求时，会激活消费者脑海中某一品牌信息，进而通过品牌联想将与品牌相关的信息点连成网，并与需求做匹配，匹配成功则会选择消费。消费者消费后如果体验感良好就会不断地选择该品牌变成忠诚消费者，在这样一个过程中品牌的忠诚消费者逐渐形成。消费者选择阶段是品牌价值实现的必要阶段，因为如果品牌对消费者是没有作用的，不能促进消费者选择自身，那么前期的财务投入与市场投入都没有办法变现反馈给企业，也无法形成品牌价值，而从过程上来看消费者是否选择该品牌受到品牌知名度、品牌美誉度、品牌联想情况与品牌忠诚情况的影响。

文化品牌价值的实现是指文化品牌前期创造与传播，通过作用于消费者，促进其消费，同时对多方产生正向价值反馈，主要包含4个方面，即企业财务价值、企业市场价值、消费者价值、社会价值。财务价值是品牌给企业带来的超额收益，消费者在众多的品牌中选择本品牌，对企业来讲是由品牌带来的客观收入，这是品牌带来的财务价值。市场价值是品牌为企业获得的市场权利，品牌经历过一系列品牌营销行为，作用于消费者促使其选择本品牌，证明市场活动有效，市场权利已获取，实现市场价值。消费者在第三阶段做出了品牌选择，证明品牌培养了消费者的认知与偏好，产生了差别化反应，并促使其消费，消费者价值得以实现。在多个消费者做出同样的选择时，会在社会上产生聚集效应，对不同的利益相关体产生社会价值，如文化企业宣传优秀文化、营造社会良好风气，让全社会所有成员受益，从而形成的价值，这一方面价值受到社会舆论、品牌荣誉、社会责任、员工关怀等的影响[55]。

另外，文化品牌价值的实现是一个动态的过程，在文化品牌价值实现之后它会回馈给企业，增加的收入可以给企业创造阶段更大的支持，获取的优势促进品牌传播、获取的消费者认知持续培养忠诚消费者，并在整个过程中在全社会树立正面的品牌形象，逐步提高社会价值，循环往复实现品牌价值螺旋式上升[56-57]。

四、文化品牌价值影响因素

通过品牌价值实现过程可以得到品牌价值受到财务因素、市场因素、消费者因素及社会因素的影响。本节重在阐述指标影响品牌价值的具体原因和方式。

（1）财务因素对文化品牌价值的影响

财务是最直接反映企业运营状态的因素，企业财务与企业品牌是相互影响的关系，一方面，企业品牌创建、品牌推广、品牌运营都需要资本支持，良好的财务状态可以提供有力的资本保障，促进品牌发展，另外，良好的财务状态是企业实力的体现，是维护良好的品牌形象、获取消费者信任的重要手段。另一方面，品牌的发展有助于企业吸引消费者，增加其忠诚度，获得品牌溢价，增加收入，品牌还可以促进资本的扩张，扩大企业经营范围，加快企业发展和资金链运转情况，形成品牌与财务的良性循环。因此，将财务因素纳入考量范围。衡量企业财务状态的指标主要包括偿债能力、营运能力、盈利能力、发展能力4项[58]。

偿债能力是分析企业偿还债务的能力,关系到文化企业经营的稳定性,分为短期与长期2种,因为强势品牌的形成是一个漫长的过程,因此只考虑长期偿债能力[59]。良好的偿债能力可以增加企业信誉,给予投资者、银行信心,这对品牌来讲有2个方面的作用,第一不会因为负债坏账等财务风险损坏品牌形象;第二获取持续支持品牌建设的资金。长期偿债能力可以通过资产负债率和利息保障倍数来判断。资产负债率是用来衡量债权人权益保障程度的,资产负债率需要在50%~70%才能同时保证债权人资金安全和所有者投资收益。利息保障倍数是衡量企业是否有能力偿还利息的指标,一般来讲越高越好且该项指标不得小于1。

营运能力衡量文化企业资金运转情况,是资产利用效率的重要指标,它关系到企业的管理水平和资源分配情况。对于品牌来讲,文化企业如果拥有较强的营运能力,那么它会给品牌分配最合理的人员设置与资金保障,制定合理的营销方案,最终在市场上和消费者上实现更高的品牌价值。营运能力可以通过应收款项周转率、总资产周转率来衡量。应收账款周转率反映企业短期账款的变现效率,其数值越高,该企业的资金回流能力越强,企业营运效果越好,全社会的应收账款周转率的平均值为7.8,良好值是15.2,优秀值是24.3。总资产周转率反映的是企业所有资产的利用效率,其数值越高说明企业资产利用效率越好,企业管理越合理。

盈利能力是企业资金增值的能力,反映企业收入的大小。文化品牌的发展要根植于文化企业,没有企业实体,文化品牌也就不复存在,而企业生存最主要的因素是收入,因此盈利能力是文化品牌存在的基础。另外,企业拥有较强的盈利能力意味着有流畅的现金流,这样可以给品牌方面更多的人力、物力支持,促进品牌发展,获取市场优势,在这个过程中品牌价值会得到提升。盈利能力的主要衡量指标有主营业务利润率、净资产收益率。主营业务利润率反映的是单位收入所带来的利润,其数值越大,营业能力越强。净资产收益率反映的是投资与收益的关系,其数值越大表示单位资本的收益越高,企业盈利能力越强。

发展能力是衡量企业未来的生产经营能力、扩张能力、增强实力的潜在能力。品牌价值很重要的一部分是能够给企业在未来带来稳定收入,可以促进企业扩张,间接反映企业发展的潜力,反过来,文化企业的经营能力、扩张能力提升，会扩大品牌的营销范围，使品牌价值也得到提高，所以品牌价值与企业发展能力是相辅相成的关系。发展能力通过净利润增长率、总资产增长率来衡量。净利润增长率反映企业生产经营能力强弱，其数值越高表明企业生产经营状况良好，可追加投资扩大规模。总资产增长率反映的是企业资本扩张的能力，代表企业发展潜力，其数值越大反映企业资本扩张速度越快，发展后劲越强。

（2）市场因素对品牌价值的影响

品牌是无形的事物，它依托于一些图形、标记、色彩或品牌产品的服务、质量等因素表现出来，因此品牌给企业带来的影响作用需要在市场竞争中衡量，否则评估将失去现实依据，变得毫无意义。

文化品牌价值与市场环境有密不可分的关联，稳定的市场环境有利于品牌成长，打造知名品牌。下面从市场壁垒、市场领导力2个方面来分析市场环境对品牌价值的影响。市场壁垒是市场环境最重要的体现，市场壁垒高意味着准入条件苛刻，则市场中的企业会相对较少，市场发展比较稳定，这样稳定的环境有利于给品牌成长提供空间，不会因为急功近利而损失品牌价值。另外，市场壁垒较高意味着目前市场上留存的企业是相对优质企业，这些企业品牌建设体系会更加完善，品牌价值会更高。品牌的市场领导力是指这个品牌在同行业当中的地位，是品牌的市场权利的总和。一般来讲，品牌领导力越强其品牌价值越高，一方面强势品牌经过多年的发展更加的稳定；另一方面相比于其他品牌，有领导力的品牌更容易影响市场，在价格水平、分销渠道、风险把控上更具有优势。

文化品牌价值也与企业的品牌建设有关，企业品牌建设越好，品牌价值越高。下面从品牌保护、品牌历史、品牌延伸3个角度分析企业的品牌特性。品牌保护主要是指品牌的法律保护，法律保护是维持品牌生命力的武器，具体表现为是否具有知识产权、版权保护意识、是否注册商标等。第一，商标等标识是一个企业的符号，不采取强硬的法律手段保护，会让市场上充斥着许多良莠不齐的假冒伪劣产品，给企业品牌带来损失。第二，知识产权、版权是文化企业的核心，如若不能加以保护，可能导致内容泄露，丧失竞争力，因此法律保护体制越完善的企业，品牌价值越高。品牌历史是指品牌的发展时间，品牌历史时间越长品牌价值越高，一方面品牌历史悠久的企业经历了长时间的市场考验而留存了下来，证明了自身产品与服务的质量；另一方面品牌历史长的企业积累了更多的市场资源，在市场中占据优势地位。这也是老字号企业品牌价值相对较高的原因。品牌延伸其实是企业凭借原有的知名品牌,来开发新的产品线的一种行为。品牌延伸可以帮助企业降低进入其他市场的壁垒,扩大品牌行销范围。对于企业来说,母品牌已经在市场上树立了一定的品牌形象,当推出新的产品时,消费者会把对母品牌的认知和偏好转移到新产品上,从而企业无须继续花费大量的营销费用重新宣传品牌定位、品牌内涵等,即品牌能够以较小的成本扩大行销范围,提升品牌价值。另外,忠诚消费者更会因为对品牌的信任与喜爱而去尝试品牌的新产品,这无形中降低了企业的市场壁垒,减少了企业的投资风险[60-62]。

文化品牌价值还与企业的市场能力有关,市场能力越强在品牌传播阶段结果会越好。下面主要从融资能力与营销能力2个方面分析文化企业的市场能力。融资能力是品牌获取资金支持的能力。一般来讲,能够长期获得稳定的投资的品牌,品牌价值往往越高,因为品牌创立、品牌建设、品牌发展、品牌营销都需要资金支持,另外,品牌产品的质量也需要资金投入,因此品牌融资能力是后期品牌价值保障[63]。营销是企业向消费者输送品牌知识、树立品牌形象最关键的过程,具有良好营销能力的企业可以快速在市场中找准自己的定位,向消费者传递品牌理念,提高消费者对品牌的认知,并且让消费者在消费的过程中感受到品牌给其带来的功能价值、情感价值,从而使其形成品牌忠诚,提高品牌价值[64]。

(3) 消费者因素对品牌价值的影响

消费者心理是品牌价值的深层次来源[65]。从消费者行为理论来讲,品牌产生价值有2个条件,第一个是消费者可以接收到与品牌有关的信息,第二个是可以基于信息产生差别化反应,结果是发生购买行为及长时间来看的品牌忠诚。具体分为4个过程:第一步是品牌营销输送品牌知识。第二步是消费者接收到品牌所传达的内容,根据自身的经历、情感、偏好等心理活动产生对品牌的客观印象,即品牌认知。第三步是消费者在头脑中搜索同类产品的其他品牌信息进行比较,产生购买意向,并很大可能性愿意为品牌支付溢价。第四步是消费者发出购买行为,产生品牌的价值,用以回馈企业在品牌营销上所做的努力。这个过程可以重复多次,不断加深消费者对品牌的信赖,给企业未来带来收益。基于以上过程认为在消费者因素方面,文化品牌主要受到品牌认知、品牌联想、品牌忠诚度3个方面的影响。

品牌认知是消费者对品牌的知晓程度,它是实现消费者价值的先决条件,首先消费者需要先对品牌有认知才会产生后续联想与购买行为,否则品牌与消费者心理是割裂的不会产生价值。其次消费者对品牌的认知程度会影响后续行为，深入认知有助于激发联想，促进消费，形成品牌忠诚。影响品牌认知程度最重要的2个因素是品牌知名度与品牌美誉度[66]。品牌知名度决定了消费者多大可能对品牌产生认知行为，知名品牌更容易引起消费者兴趣，增大消费者认知的可能。品牌美誉度决定了消费者是否会继续深入了解品牌，品牌美誉度即口碑，它关系到消费者对品牌的印象，是品牌形象的一部分，只有正面形象才能让消费者继续关注品牌，对品牌产生深入了解。

品牌联想是指消费者记忆中可能产生的任何与品牌相关的想法，根据人类联想记忆理论和适应性网络模型，人的记忆是一系列节点和它们之间的链接组成的一种网络，同样，消费者有关品牌的定位、认知、使用情感会在大脑中形成节点，这些节点相连共同组成品牌联想。当消费者受到外部刺激或者自身购买欲望激发时，就会激活头脑中的某一个节点，从而触发整体网络中的许多记忆节点，这些有关品牌的联想会与消费者的需求进行一致性匹配，匹配结果符合，消费者便会选择购买，同时品牌在消费者心里的地位也会上升，这个过程循环重复，渐渐激发了消费者对于品牌的情感依赖，变为忠诚消费者，因此品牌联想与品牌价值存在着积极的关系，是品牌的内在价值。一般来讲，品牌联想数量越大，尤其是独特的品牌联想越大，消费者对品牌的认知越强，品牌价值越高[67]。对于文化传媒企业来讲，如果消费者可以因为其一个广告而产生相关联想的数目越多，则需求匹配的可能性就越大，比如消费者看到开心麻花的一个话剧海报，产生演员、电影、喜剧、话剧保证、老品牌、业内权威等一系列联想，那么它很大可能被吸引，从而去买票。相反，如果消费者看到海报头脑内没任何想法，那么他不可能发生购买行为。因此，品牌联想是间接影响品牌价值的。

品牌忠诚是基于消费者认同心理的一种信任，是品牌价值的核心因素，品牌忠诚度是指由于宣传、质量、价格等诸因素的影响，使消费者对某一品牌产生感情，形成偏爱并长期重复购买该品牌产品[68]。品牌忠诚包含态度忠诚与行为忠诚，态度忠诚是指消费者从心理上持续对品牌的喜爱，行为忠诚是指消费者会反复购买该产品。品牌忠诚度对于文化企业品牌价值有重要作用，一方面品牌忠诚度可以给企业带来稳定的客户，保障未来收益；另一方面忠诚度使消费者使用其他竞争者的产品概率降低，无形增加了竞争力，就算竞争品牌发明了新产品，由于消费者的选择惯性，使用新产品会有滞后性,给企业争取了研发时间[68-69]。

(4) 社会因素对品牌价值的影响

在内涵方面,文化传媒行业因其独特的对全社会的精神文明价值的贡献,以及承担的弘扬文化、引导社会风气等的责任,其价值也受社会因素的影响。另外,从文化品牌价值来源来讲,除了企业与消费者之外,品牌价值还来源于其他利益相关者,整个社会生态圈内的人都会影响品牌价值,因此分析社会因素对品牌价值的影响。

文化企业是整个社会精神文明建设的引导者,是优秀文化的继承者与传播者。文化企业履行自己的社会责任对于整个社会的贡献分为3点:第一,营造良好的社会风气,引导民众树立正确的价值观,促进整个社会精神文明建设;第二,将我国优秀文化以多样化的形式向大众传输,促进文化继承与发扬;第三,丰富社会的娱乐生活,满足民众精神需求。社会大众在享受文化企业成果的同时也会促进文化企业品牌价值,一方面,利益相关者会对优秀企业品牌表达认可,为品牌赢得更多的荣誉,提升品牌价值;另一方面,在网络媒体高度发达时代,利益相关者会自动为优秀企业创造话题,产生集聚效应,自动为品牌造势。

文化企业是文化领域社会经济生活的主体,因此提供就业保障与为员工提供福利保障是其基本的社会责任。企业承担招工与福利保障的责任可以给文化品牌提供人力保障。首先,品牌需要跟随市场环境变化不断创新,因此品牌建设需要不断吸收新鲜血液,招纳更多的高端人才可以促进品牌创新,保障品牌发展方向符合市场需求。其次,员工是企业巨大的财富,是企业品牌的建设者、经营者,是最了解企业文化品牌的人,对员工提供优质福利保障,促进员工稳定,有利于保障品牌发展的稳定性,不会因为核心人员变动导致品牌受损。

五、文化品牌价值评价指标体系构建

(1) 指标体系构建原则

1) 科学性、综合性原则

文化品牌价值评价指标体系构建的目的是实现文化传媒企业的品牌价值评估,指导企业进行品牌建设,因此指标体系应该可以较全面地反映行业特点，不能以偏概全，也不能不符合实际，评价指标应该可以科学地评价文化品牌价值。

2）可操作性原则

所建立的指标体系应该通俗易懂，不会产生歧义与误解。另外，指标体系指标个数应该适中，不能过于简单不能体现文化品牌的特点，也不能过于烦琐导致评估无法进行。

3）普适性原则

所建立的文化品牌价值评估体系是针对文化传媒行业的，因此应具有普适性，即指标体系是根据行业特点来制定，适用于大多数企业，而不是某几家企业。

（2）指标体系选取与设计

根据研究目的，以及上一节对文化品牌价值影响因素的分析，将目标层确定为文化品牌强度，一级指标分别为财务价值、市场价值、消费者价值及社会价值。

1）财务价值

文化品牌依附于文化企业而存在，因此，文化企业的财务状态会对品牌价值有影响，根据前文对影响要素的分析，将财务价值评价指标确定为偿债能力、营运能力、盈利能力、发展能力。具体指标含义如下：

① 偿债能力。偿债能力是衡量企业偿还债务能力的指标。偿债能力是企业信誉保障，投资者更加信任偿债能力更好的企业，并且给予更多的资金支持，另外，偿债能力是文化品牌形象的一部分，按期偿还债务包括本金和利息体现了企业财务状态良好，无破产风险，在市场上树立稳定的品牌形象。偿债能力可以通过计算资产负债率和利息保障倍数来衡量。资产负债率需在50%~70%，利息保障倍数须大于1。

② 营运能力。营运能力是衡量企业资金管理、资源分配能力的指标。良好的营运能力可以为品牌分配合理的资源，特别是资金，给予品牌发展建设资金与人员保障，提升品牌价值。营运能力可以通过计算应收款项周转率、总资产周转率来衡量。

③ 盈利能力。盈利能力是衡量企业资金增值、持续营收能力的指标。盈利能力是品牌价值的基础，企业依靠收入而生存，企业所有工作包括品牌都需要有收入做保障，长期没有收入的企业最终结果是申请破产，品牌价值

在这个过程中会逐渐降低直到为 0。盈利能力可以通过主营业务利润率、净资产收益率来衡量。

④ 发展能力。发展能力是衡量企业发展潜力与扩张能力的指标。品牌的价值在于未来可以给企业带来收益,是企业发展潜力的代表,因此发展能力良好的企业本身侧面反映了当前文化品牌价值。另外,文化品牌会随着企业的扩张,扩大行销范围,品牌价值随之增长。发展能力可以通过净利润增长率、总资产增长率来衡量。

2) 市场价值

文化品牌是无形事物,不能脱离市场环境而存在,因此市场价值是文化品牌最重要的价值,根据影响要素的分析,将市场价值的评价指标确定为市场壁垒、市场领导力、品牌保护、品牌历史、品牌延伸、融资能力、营销能力。具体指标含义如下:

① 市场壁垒。市场壁垒是衡量企业所处市场环境的指标。市场壁垒越高,企业所处市场环境越稳定,品牌价值越大。文化传媒行业的市场壁垒处于中层阶段的市场环境,不同传媒形式壁垒不同,出版行业壁垒很高,出版企业均需向国家政府部门申请,需满足我国《出版管理条例》相关规定,取得资质才可运营。电视电影制作企业准入要求则相对较宽,但由于需要大量前置资本支撑,壁垒也相对较高。新媒体行业壁垒相对较低,新媒体行业运营者通常是小团队或者个人,内容经平台审核便可以发布,运营成本准入条件要求均很低,因此壁垒也很低。

② 市场领导力。市场领导力是衡量品牌市场地位的指标。市场领导力高的品牌在市场上拥有更大的影响力,更容易取得市场成功。在人员资金、营销方式、宣传渠道等方面都更具市场优势,可以获取更多人力与资本的支持保障品牌质量,依靠积累的影响力在进行品牌营销时影响范围更广,效果更突出。

③ 品牌保护。品牌保护是衡量文化企业对自身知识产权、版权保护情况的指标。文化传媒企业是一个知识产权、版权高度集中的企业,几乎所有的文化产品都含有知识产权的影子,出版的图书、发行的报纸、上映的影片、电视剧,甚至自媒体人写的文章均是个人或公司的产权,如若缺乏法律的保护,产权概念不强,致使盗版书、盗版电影、盗版文章泛滥会损害原文化内容产品建立的市场,导致品牌价值降低。

④ 品牌历史。品牌历史是衡量品牌在市场上存留时间的指标。品牌历史长的企业拥有更多的品牌资源,在长时间的建设中维持其市场优势。文化品牌历史越久的企业积攒的资源越多。首先是优秀的文化资源,包括优秀作品的版权、发行权、著作权等,这是内容产品质量的保证。其次是积累了更多的市场资源,包括宣发渠道、合作伙伴等,这可以为品牌获取更多市场优势。另外,历史悠久的企业在市场上口碑良好,为了维护良好的品牌形象企业会尽可能保证产品与服务的质量,质量保证可为企业赢得更多的忠诚消费者。

⑤ 品牌延伸。品牌延伸是衡量品牌横向扩张的能力。品牌延伸能力可以让文化品牌开拓更多的市场领域,在品牌进入其他市场过程中,品牌的行销范围随之扩大,拥有的客户群体扩大,品牌价值逐步提升。文化传媒产业近年来一直在实施品牌延伸战略,各种大 IP 周边产品、文创产品层出不穷,这些产品在市场上的流行给企业拓宽了市场,带来直接收入,而且延伸产品的成功也可以反向提高母品牌的知名度,从而提高整体的品牌价值。

⑥ 融资能力。融资能力是衡量品牌获取资金支持的能力。文化传媒行业市场呈现金字塔形,即只有少部分大型企业,其余大部分为小型企业。这种市场结构使得融资能力强大的品牌企业在内容制作、市场营销方面都具备优势。首先,文化行业产品大多以内容产品为主,内容制作需要大量前置投资来保障质量,因此融资能力强的企业在产品上具备优势;其次,文化产品是高附加值产品,需要依靠广告、媒体宣发来获取知名度,这些市场行为也需要资金支持,因此融资能力强的企业在市场宣传上具备优势。

⑦ 营销能力。营销能力是衡量品牌市场传播效果的指标。文化品牌的市场表现对于营销有较强的依赖性。首先,由文化品牌的定义可知,文化品牌是强调精神价值与情感共鸣的,而这两点通过内容从企业端输送到消费者端得以实现,这就要求企业通过有效的营销手段让消费者对企业输出的内容有认知,之后才会考虑是否能够产生共鸣,所以营销手段是文化企业实现品牌价值的桥梁。其次,文化传媒行业的营销能力对于产品的销售情况有很大的影响,以电影行业为例,宣传力度大的影片,消费者往往会在心里形成潜在的认知,在做购票选择时会优先选择这个电影,增加了其市场优势。

3) 消费者价值

品牌有价值的根本原因在于对消费者有价值,消费者对于不同品牌的差别化反应导致其做出不同的消费选择,最终实现品牌价值,根据前文消费者影响要素分析,将消费者要素指标确定为品牌知名度、品牌美誉度、品牌忠诚、品牌联想。具体指标含义如下:

① 品牌知名度。品牌知名度是衡量文化品牌对消费者影响力的指标。知名度高的企业更容易获取消费者好感,进而对品牌产生认知,而且消费者通常信任知名品牌。文化行业是竞争比较激烈的行业,知名品牌可以让消费者在众多相似的内容产品中选择了解本品牌,而且在附加值较高的文化行业,消费者会有知名企业—大制作—优秀内容输出这样的思维逻辑,也就是更相信知名度较高的企业的产品,带来的结果是许多消费者冲着名气去消费,进而提升品牌价值。

② 品牌美誉度。品牌美誉度衡量的是品牌在消费者中的形象。品牌的美誉度也可以理解为口碑,文化企业的产品是弹性比较大的产品,且市场生命周期较短,因此对品牌美誉度依赖程度很高,前期产品拥有好的口碑,首先可以在消费者心里产生正面的品牌形象,促进消费者对品牌进行深入了解,其次不会对后续的产品销售产生负面影响[70-71]。

③ 品牌忠诚。品牌忠诚考量的是消费者是否对文化品牌有长期的偏好。品牌忠诚是品牌在未来可以给企业带来稳定收益的根本体现,忠诚客户在未来会持续因品牌而消费,以此保障企业未来收益[72]。另外,文化传媒企业是一个生产相对集中的企业,同类产品非常多,由于消费者消费时是有惯性思维的,所以获取更多的消费者忠诚,产品会更有保障,品牌价值也相应越高。

④ 品牌联想。品牌联想考量的是消费者对品牌的认知广度指标。品牌联想是消费者有关于品牌的所有想法,品牌联想越广泛,与消费者心理诉求的匹配可能性就越高,继而品牌价值越高。文化行业产品属于高附加值产品,其销售严重依赖消费者对品牌的态度,因此如若品牌可以激发消费者更多联想,一是可以让消费者对品牌有全面的认知,不会产生片面的消极态度;二是品牌联想越多,满足消费者需求的可能性越大,从而实现转化,提升品牌价值。

4) 社会价值

通过文化品牌价值影响因素分析,文化企业通过积极履行社会责任可以对不同的利益相关体产生贡献,这些贡献可以反馈给文化品牌,提升价值。

根据影响要素,将社会价值评价指标确定为社会舆论、品牌荣誉、提供就业、职工关怀、社会责任[73]。具体指标含义如下:

① 社会舆论。社会舆论是衡量文化品牌在社会中的讨论度情况指标。在互联网高度发达的时代,民众可以自由在公众网络平台发表对文化品牌的评价,若文化品牌得到社会较多关注,这种评价汇总形成汇聚效应,为文化品牌创造话题,并通过互联网自发传播,自动为文化品牌扩大营销范围,提升品牌价值。

② 品牌荣誉。品牌荣誉衡量的是社会对文化品牌认可程度的指标。品牌荣誉是社会对品牌认可的集中体现,荣誉越多代表品牌越受欢迎与认可,品牌价值也越高。从利益相关者的角度来讲,文化企业相关的产业主体可以根据所获的品牌荣誉判断社会对企业的看法,从而决定是否与企业合作,是否对企业的品牌进行投资,因此获得的荣誉越多,品牌价值越高。对于消费者来讲,品牌荣誉代表着质量、服务、权威,如一部获奖影片肯定要比普通的商业片更值得去欣赏,所以品牌荣誉对消费者偏好与选择会有影响,从而影响品牌价值。

③ 提供就业。提供就业是衡量文化品牌吸收人才的能力指标。在社会中招纳更多的人才,第一,体现了文化企业作为经济微观主体承担了自身保就业的责任,给社会相关利益方留下良好印象。第二,文化企业有能力不断吸收人才证明企业可以负担高人力成本,企业资金状况良好,这有利于获取社会各界利益相关方的信任。第三,企业吸引更多的高端人才可以促进品牌创新、品牌建设,提升品牌价值。

④ 职工关怀。职工关怀是衡量品牌建设人员稳定情况的指标。一般认为给予员工更多的福利保障、提高职工待遇有助于提高员工忠诚度和工作热情。第一,员工是品牌的建设者,品牌从创立到发展都由员工来完成,而且部分员工更是文化品牌的核心人员,如果员工频繁离职会导致品牌定位不清晰,管理过程混乱,而核心员工的流失更会加大品牌资源、核心技术流失风险,降低品牌价值。第二,保障员工生活可以激发员工的工作热情,将更多的时间精力投入品牌建设中,提升品牌竞争力。

⑤ 社会责任。社会责任是衡量文化企业在社会中承担自身责任能力的指标。文化企业的社会责任主要有 3 点:第一是引导民众树立正确的价值观,营造良好社会风气;第二是继承与发扬中国优秀文化,将其以不同形式

向大众传播；第三是通过制作文化产品满足民众精神需求。企业履行自身社会责任一方面可以塑造良好的品牌形象；另一方面有更大的可能与消费者产生情感共鸣，提升品牌价值。

基于此建立文化品牌价值评估指标体系如图 7.4 所示。

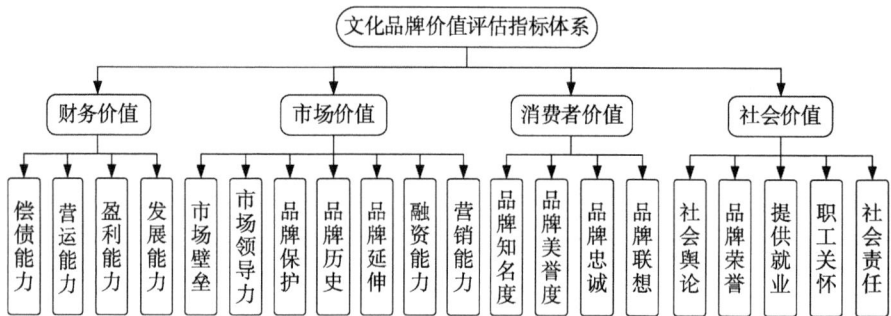

图 7.4　文化品牌价值评估指标体系

第8章 改进 Interbrand 文化品牌价值评估模型

一、现有 Interbrand 模型特点

(1) 模型优势

对现有的品牌价值评估方法进行了阐述、分析与比对，经过综合考量，认为 Interbrand 模型是比较适合用于评估文化品牌的方法。这主要基于以下几点原因：①Interbrand 模型思路来源于资产评估学中的经典方法——收益法，理论基础完备、思路科学，反映了品牌收益与品牌价值的内在联系。②Interbrand 模型提出的品牌作用指数可以顺利地将品牌带来的收益与其他无形资产带来的收益分开，避免估值夸大。③Interbrand 模型提出了 S 型曲线，该曲线是通过 Interbrand 咨询公司经过大量案例积累总结出来的，经过多年验证与实际基本吻合，这给品牌强度转化为品牌成数的科学性提供了支撑。④Interbrand 模型综合考虑了财务数据与市场表现即未来收益，比较全面，且财务数据为客观数据，一定程度上保证评估的可靠性。⑤Interbrand 是目前经典的评价方法，在实务和理论中都有比较多的应用，且可操作性和准确度相比于其他方法更好。

(2) 模型的局限性

虽然 Interbrand 模型方法有很多的优势，但该方法产生于西方国家，对于我国企业还存在许多不适用的地方，需要加以改进，该模型主要有以下几方面的缺陷。①品牌强度测算指标不全面，没有考虑消费者因素与社会因素。②品牌强度作用指数由专家直接给出的，主观性较强。③财务数据预测完全等于历史 3 年数据的加权平均数，对于快速成长的企业不适用。④Interbrand 模型适用于大型成熟的跨国性企业，对于我国文化传媒企业适用性不高。基于此，对沉淀收益、品牌作用指数、品牌强度都进行了改进。

二、改进原则与改进思路

（1）改进原则

改进原则包括以下3个原则。

1）科学性原则

改进后的模型应该是基于价值评估理论基础，符合科学理论的原理，不能主观臆断，每一步改进都旨在改进原模型存在的问题，提高评估的适用性、精准性。

2）可量化原则

为了改进原模型在方法上主观性较强的缺陷，改进后的模型应该尽最大可能降低主观性，使结果更加客观合理。

3）可操作原则

改进后的模型应该是可以实现的，主要体现在第一数据应该是可获得的；第二评估方法可以得到较为合理结果。

（2）改进思路

整体的评估思路与原模型的评价思路是一致的，即首先根据历史沉淀收益评估企业未来的收益且以5年为基准，其次确定在企业的沉淀收益中品牌的贡献程度有多大，即品牌带来的收益，最后确定品牌在未来给企业带来收益的能力程度即品牌强度，通过品牌强度将未来收益折现得到品牌价值。但是基于Interbrand模型的局限性，本书分别对沉淀收益、品牌作用指数、品牌强度进行改进。针对沉淀收益只基于历史3年的加权平均数不适用于快速发展的企业，采用净利润平均增长率来计算。针对品牌作用指数采用专家直接给出过于主管的问题，通过分析影响企业无形资产超额收益的因素，构建ANP网络模型，求出品牌贡献率，降低主观性。针对品牌强度评价指标不适用，评价方法依赖专家打分主观性太强的问题，在第2章通过分析文化品牌价值的影响因素构建了适用于评价文化传媒企业的指标体系，在评价方法上运用AHP-BP神经网络构求出品牌强度，这样层次分析法可以将定性问题初步定量化，得到初步权重，而BP神经网络通过对大量数据的训练，可以检验权重结果的科学性，降低专家打分主观带来的误差，使得结果更加科学合理。评估思路与改进前后对比如图8.1所示。

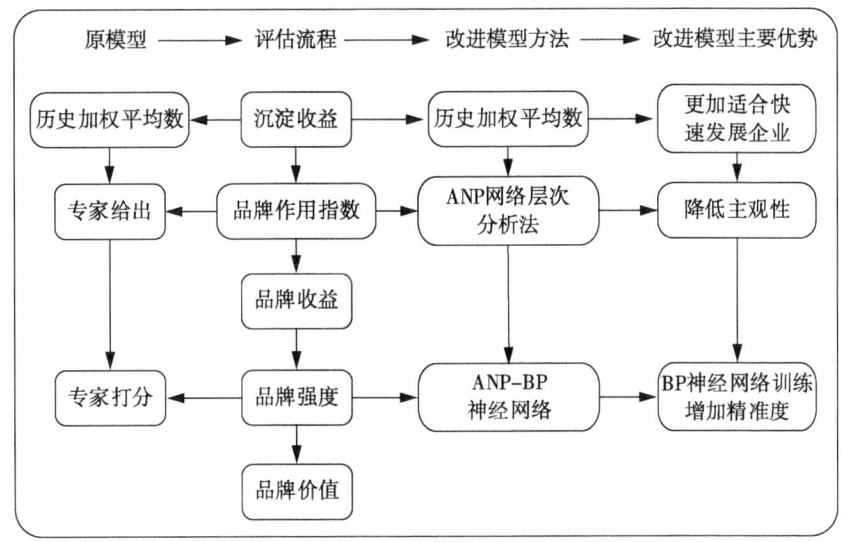

图 8.1　评估思路与改进前后对比

最后,根据论述的评价思路,品牌价值的最终计算公式为

$$V = \sum_{n=0}^{5} \frac{Y_N \beta}{(1+R)^n} \text{。} \qquad (8.1)$$

其中,V 为品牌价值,Y_N 为沉淀收益,β 为品牌作用指数,R 为贴现率。

三、沉淀收益确定

沉淀收益是指无形资产所带来的收益,由 Interbrand 咨询公司提出,用来将资产划分为有形与无形,之后通过品牌作用指数确定品牌收益。这样可以避免资产确定的困难性,评估会相对更加准确。沉淀收益的具体操作办法是以评估年为基准,用历史 3 年的营业利润去掉营业成本、税金等得到历史 3 年的沉淀收益,再依照 3∶2∶1 的比例求出加权平均数,并且以该平均数作为未来年份的沉淀收益。

自 Interbrand 提出沉淀收益的概念后,这种思路就在品牌价值评估中广泛应用,只是计算方法不同。Yoshikuni Hirose 提出了 Hirose 模型利用企业销售成本乘以超额利润率来求得沉淀收益。除此之外,由于 Interbrand 评估法在计算沉淀收益时要求营业利润必须大于有形资产收益,否则评估的品牌价值将会是负数,而有些处于成长期的企业并不能满足此条件,因此有些学者在应用沉淀收益时对其做了改进,王霖等人采用比较超额利润法计算品牌收益;王占华同样利用比较超额利润法计算了景区品牌的收益;张弢等人在计算汽车品牌的未来收益时采用了对历史10年数据进行回归,根据得到的表达式进行预测;刚什元等人采用历史财务数据的增长率来计算青岛啤酒品牌未来的沉淀收益。我国文化传媒企业还处于发展的初级阶段,原始的Interbrand方法并不适用,因此参照刚什元等人的方法,利用增长率来计算沉淀收益。计算公式为

$$Y_N = E_N - (P_N - L_N) \times \varphi, \tag{8.2}$$

其中,Y_N是沉淀收益,L_N是无形资产总额,φ是资产回报率,E_N是净利润,P_N是n年的资产总额。

$$\varphi = \frac{R_N}{P_N}, \tag{8.3}$$

其中,R_N是净利润,P_N是资产总额。

$$L_N = A_N + G_N。 \tag{8.4}$$

其中,A_N是无形资产,G_N是商誉。

四、ANP 网络层次分析法确定品牌作用指数

(1) ANP 网络层次分析法适用性分析

品牌作用指数是用来确定企业收益中有多少是由品牌贡献的。企业的超额收益是由许多因素共同决定的,且彼此之间相互关联。经过对有关文献的阅读,企业的超额收益主要通过降低成本、增加销售、提高竞争力、获取价格优势等途径。对于降低成本,主要的方法有提高研发能力、加强其余人管理能力、提升技术水平等;对于增加销售,研究发现企业无形资产中营销能力与信息化程度对其影响较大;对于提升企业竞争力,企业需要具备良好的企业文化、优秀的知识管理能力及人才建设能力;对于价格优势,企业信用和企业品牌非常重要[74-75]。

上述的10个因素之间不是相互独立的,彼此存在相互依存反馈关系。管理水平是企业财务管理、技术管理、人力资源管理的总称,所以企业管理水平会影响企业的人才建设、研发能力、知识管理与营销能力。研发能力与技术水平是相辅相成的,研发能力越高表示技术水平越高,技术水平反过来

也是研发能力的一种外在表现。营销能力与信息化程度有很大的关系，新媒体的出现使得企业的营销方式从传播速度慢的纸媒、电视广告媒体营销转变为以互联网为依托传播速度快的新媒体营销，因此信息化程度越高的企业营销能力往往更强。营销能力还可以影响企业品牌，企业品牌形象的塑造除了来自产品质量还来自企业的营销能力，营销能力越强，越容易被消费者熟知。企业品牌还受企业信用的影响，企业信用对于塑造正面品牌形象有重要作用。企业文化对企业品牌、企业信用、人才建设都有很重要的作用，企业文化是企业价值观、经营理念、管理风格的统称，良好的企业文化是企业树立良好的品牌、形成良好信用、激励员工组建人才团队的基础。

由上面的分析可知品牌作用指数的确定是一个多层次且彼此之间有关联的复杂决策问题，ANP是一种非线性的网络结构模型，对解决该问题有很好的效果。第一，ANP可以将复杂问题拆分，形成阶梯层次。第二，ANP允许网络层节点不独立，彼此之间关联。第三，当数据难以客观量化时，可以依据相关人员的判断进行赋值，转化为定量问题[76]。因此采取ANP网络层次分析法可以测算品牌作用指数。

（2）ANP网络层次分析法原理

ANP网络层次分析法是1996年Saaty教授提出的一种基于层次分析法（AHP）的适用于非独立递阶层次结构的新决策方法，目的是解决系统内部各指标间有相互依存，相互反馈的复杂系统决策问题。ANP方法主要包含4个步骤，即构建网络层次结构模型、构建超矩阵、构建加权超矩阵和计算极限超矩阵[77]。具体计算方法如下：

1）构建网络层次结构模型

ANP构建网络层次结构模型分为两大部分，一部分是控制层，主要包括决策目标与决策准则，但是根据实际情况可以没有准则。另一部分是网络层，主要包括控制层下面的各个元素集[77]。

2）构建超矩阵

设控制层的元素有 S_1，S_2，$\cdots$，S_N。网络层元素集有 C_1，C_2，$\cdots$，C_N，其中元素集 C_i 有元素 e_{ik}。首先对元素集 C_i 里的元素对元素集 C_j 里的元素 e_{jk} 的影响程度进行两两判断，构造判断矩阵。然后根据特征根法求得排序向量 $(W_{i1}, W_{i2}, \cdots, W_{in})^T$，若向量可以通过一致性检验则，把它写成矩阵的形式，得到一个超矩阵。重复上述步骤，将所有元素集中的元素的内外关联关系逐一比较，得到整个网络层中的元素间相互影响的排序向量，最终得到网络层的无权重超矩阵 $W^{[78]}$：

$$W = \begin{bmatrix} W_{i1}^{(j1)} & \cdots & W_{i1}^{(jn_j)} \\ \vdots & \ddots & \vdots \\ W_{in_i}^{(j1)} & \cdots & W_{in_i}^{(jn_j)} \end{bmatrix}。 \qquad (8.5)$$

矩阵的每一列的和都是1，但是并没有归一化，所以之后需要对矩阵加权得到加权矩阵。

3）构建加权超矩阵

在 S_n 准则下，比较 n 个元素的重要性，得到一个排序向量（a_{1j}, a_{2j}, …, a_{nj}），进而得到一个加权矩阵 A：

$$A = \begin{bmatrix} a_{11} & \cdots & a_{1n} \\ \vdots & \ddots & \vdots \\ a_{n1} & \cdots & a_{nn} \end{bmatrix}。 \qquad (8.6)$$

将 A 与 W 相乘得到加权矩阵 $\overline{W}$。

4）计算极限超矩阵

对加权矩阵 $\overline{W}$ 进行稳定处理，计算超矩阵的极限。

$$W^{\infty} = \lim_{K \to \infty} \frac{1}{N} \sum_{K=1}^{N} \overline{W}^{K}。 \qquad (8.7)$$

若极限收敛且唯一则每行得到的极限值就是该元素的权重。到此可以得到所有指标的权重。ANP 计算方法比较复杂，计算量大，采取手工计算的方法比较困难，可以借助专业软件 Super Decision 来计算获取结果[79]。

五、ANP 网络模型构建

无形资产超额收益 ANP 模型的构建分为5个步骤。

第一步：确定控制层。控制层可以没有准则，但必须有决策目标。本章中控制层只有目标，即无形资产超额收益。

第二步：确定网络层。由无形资产超额收益的各指标之间是相互影响，彼此关联的，因此网络层的确定为降低成本、增加销售、提高竞争力、获取价格优势，其中降低成本包括研发能力、管理能力、技术水平，增加销售包括营销能力、信息化程度，企业竞争力包括企业文化、知识管理能力、人才建设能力，价格优势包括企业信用与企业品牌。

第三步：构建模型。无形资产超额收益的 ANP 模型如图 8.2 所示，图中环形箭头表示指标内部之间存在影响关系，双向箭头表示外在关联，即 2 个元素集内的元素彼此之间有影响。除此之外。将此模型输入 Super Decision 软件，完成模型构建。

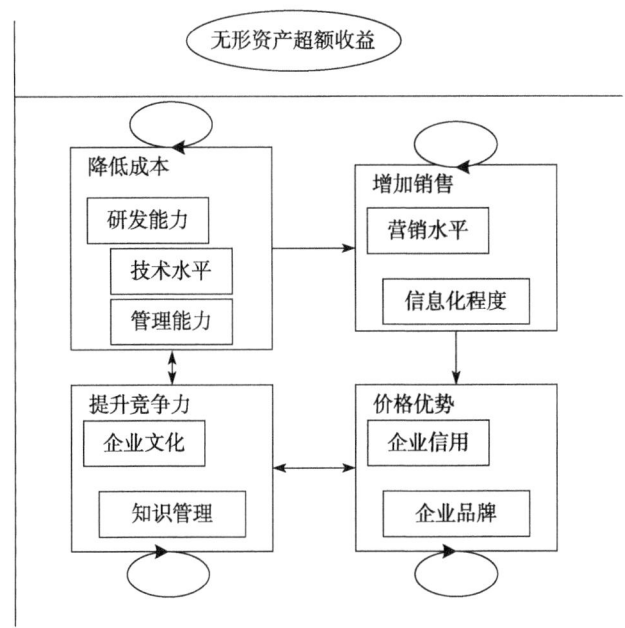

图 8.2　无形资产超额收益

第四步：构造判断矩阵。首先 ANP 模型对于无法定量的指标可以采取专家打分的方法，打分的原则是确定一个标准，然后根据标准确定指标的相对重要性，但是 ANP 模型不需要将所有指标进行比较，它只需要判断存在依赖反馈指标间的关系，而 Super Decision 软件会自动生成判断矩阵表，将其表导出，发放专家让其打分，再将结果输入软件，完成判断矩阵构造。

第五步：计算结果，Super Decision 软件可以快速完成超矩阵、加权超矩阵、极限超矩阵的计算，给出最终的权重，得到品牌贡献指数。

六、AHP-BP 神经网络预测品牌强度

(1) AHP-BP 神经网络适用性分析

本章旨在解决量化品牌强度的指标体系的问题，根据以往评估方法的经验和数据获取的困难，对于许多难以量化的指标依旧采取专家打分法，但是为了降低专家打分主观因素的影响，将采用 AHP-BP 神经网络综合方法，对指标进行量化。第一，层次分析法可以将定性转为定量分析，它可以将复杂的问题分解，之后通过两两比较的方式确定各层次的重要程度，给出权重。第二，层次分析法需要的定量数据比较少，这对于无形资产品牌价值的评估是比较友好的，因此可以选用层次分析法对指标体系进行初步的量化，但是层次分析法将纯定性分析问题量化的方式是通过专家经验，构造判断矩阵，所以依然带有定性色彩，不具备足够的说服力，所以在层次分析法初步得到权重后，运用 BP 神经网络进一步验证结果是否合理。BP 神经网络有 3 点优势，第一，BP 神经网络具有自组织能力，输入数据不需要有先验知识，模型可以自己根据输入的数据找到规律，并且根据误差反向传递原理自动调节参数，找到合适的非线性函数，给予合理的输出值。第二，BP 神经网络具有良好的容错性，它可以允许有少量的不准确甚至错误的信息，这可以保证在样本量较大时结果的准确性。第三，BP 神经网络可以克服主观性，运用少量样本训练，BP 神经网络可以给出较高的精度权重值和任何精度下的拟合函数，贴近现实，结果更加科学合理。因此，对文化传媒行业的从业人员发放品牌强度评价调查问卷，回收整理数据，将其输入模型对 BP 神经网络进行训练，并且进行验证，观测神经网络训练的结果与专家打分的误差值，如果误差在合理的范围内，则证明之前得到的结果是客观合理的。基于此选用 AHP-BP 神经网络方法测算文化品牌强度。

(2) AHP-BP 神经网络原理

1) AHP-BP 神经网络概述

层次分析法（Analytic Hierarchy Process，AHP）是 20 世纪 70 年代初由美国匹兹堡大学运筹学家萨蒂教授提出的一种多目标、多层次的系统分析方法。它的工作原理是首先基于网络系统理论和多目标综合评价理论，将最终需要达到的目标拆分成多个子目标因素，具体来讲就是将复杂系统分为目标

层、准则层与方案层，之后根据构造的判断矩阵进行各层指标重要性排序及不同层指标重要性的比较，最后依据准则层和备选方案层的指标优劣排序得到最终结果。AHP 模型对于解决多目标难以量化的问题具有很好的优势[80]。

BP 神经网络是由科学家 Rumelhart 和 McClelland 提出的一种多层前反馈神经网络，BP 神经网络是由人工神经网络发展而来的，所以其设计与结构依旧仿照生物学中的神经系统结构，在生物学中神经元是由树突、突触、细胞体与轴突组成的，而 BP 神经网络在设计的过程中分为输入层、隐含层与输出层，其中输入层对应树突，用于接收信号；隐含层对应细胞体和突触，用于处理与加工信息；输出层对应轴突用于输出结果，需要注意的是隐含层可以是 1 层也可以是多层，每层所包含的神经元个数也是不确定的，可以通过调整隐含层来调整输入与输出之间的关系，减小误差[81]。

BP 神经网络是一种多层前反馈的神经网络，但是可以进行误差反传递，其训练过程是先信息正向传递，经过隐含层逐层计算到达信息输出层，如若信息层得到期望输出则结束，如果没有得到期望输出则计算误差开始原路径反向传递，误差经过隐含层传递到输出层，继而调整各神经元之间的权值，重复多次进行正反向过程直到达到期望输出[82]。

2）BP 神经网络传播原理

BP 神经网络的运行过程分为输入信号正向传播过程与输出信号反向传播过程。但是在信息进行传播之前需要确定输入层、输出层、隐含层函数的神经元个数，输入层个数一般就是分析问题的指标个数、输出层个数一般是 1，而隐含层的神经元个数一般遵循经验函数但可以根据输出情况进行调整，经验函数 h 如下：

$$h = \sqrt{m+n} + a。 \quad (8.8)$$

其中，m 是输入层神经元个数，n 为输出层神经元个数，a 一般取 1~10。

确定好各层神经元便可以开始进行正向与反向信息传递过程，这里以文化品牌的第一个指标偿债能力的传递过程为例，其他的指标和数据传递过程与此相同[83]，具体传递过程如下：

① 信息的正向传递过程。x_i 为输入层节点 i 的第一个专家对偿债能力的打分，$a_k^{(1)}$ 为隐含层节点 k 的输入数据，$z_k^{(1)}$ 为隐含层节点 k 的输出，$a_j^{(2)}$ 为输出层节点 k 的输出数据，$z_j^{(2)}$ 为输出层节点 k 的数据，$w_{ki}^{(1)}$ 为隐含层节点 k 与

输入层节点 i 的链接权重，$w_{kj}^{(2)}$ 为隐含层节点 k 与输入层节点 j 的链接权重，$b_k^{(1)}$ 为隐含层节点 k 的阈值，$b_j^{(2)}$ 为输出层节点 j 的阈值。激活函数为 sigmoid 函数，其公式为：

$$\text{sigmoid}(z) = \frac{1}{1+e^{-z}}, \tag{8.9}$$

第一步：输入第一个专家打分数据进入输入层，输入层根据连接权重与阈值对其进行计算，得到输出结果 $a_k^{(1)}$，其计算公式为：

$$a_k^{(1)} = \sum_{i=1}^{n} w_{ki}^{(1)} x_i - b_k^{(1)}, \tag{8.10}$$

第二步：$a_k^{(1)}$ 作为隐含层输入数据，进入隐含层，该层通过激活函数计算其输出 $z_k^{(1)}$，计算公式为：

$$z_k^{(1)} = f(a_k^{(1)}) = f(\sum_{i=1}^{n} w_{ki}^{(1)} x_i - b_k^{(1)}), \tag{8.11}$$

第三步：将隐含层的输出作为输入进入输出层，输出层根据连接权重和阈值对其进行计算得到输出结果 $a_j^{(2)}$，其计算公式为：

$$a_j^{(2)} = \sum_{k=1}^{m} w_{jk}^{(2)} z_k^{(1)} - b_j^{(2)}, \tag{8.12}$$

第四步：输出层通过激活函数计算最终输出结果，其计算公式为：

$$z_j^{(2)} = f(a_j^{(2)}) = f(\sum_{k=1}^{m} w_{jk}^{(2)} z_k^{(1)} - b_j^{(2)})。 \tag{8.13}$$

② 信息反传递过程。如若预测输出与实际输出不相符，则进入反传递过程，z_j 为预期结果，E 为误差。

第一步：求各层误差

误差函数为：

$$E = \frac{1}{2}(Z-z)^2 = \frac{1}{2}\sum_{j=1}^{q}(Z_j - z_j^{(2)})^2, \tag{8.14}$$

则输出层的总误差为：

$$e_j^{(2)} = -\frac{\partial E}{\partial a_j^{(2)}}, \tag{8.15}$$

令

$$e_j^{(2)} = -\frac{\partial E}{\partial a_j^{(2)}} = -\frac{\partial E}{\partial z_j^{(2)}} \frac{\partial z_j^{(2)}}{\partial a_j^{(2)}}, \tag{8.16}$$

因为

$$\frac{\partial E}{\partial a_j^{(2)}} = -(Z_j - z_j^{(2)}), \quad (8.17)$$

所以

$$e_j^{(2)} = (Z_j - z_j^{(2)})^2 z_j^{(2)}(1 - z_j^{(2)}), \quad (8.18)$$

隐含层误差函数为：

$$e_k^{(1)} = -\frac{\partial E}{\partial a_k^{(1)}}, \quad (8.19)$$

$$e_k^{(1)} = -\frac{\partial E}{\partial a_k^{(1)}} = -\frac{\partial E}{\partial z_k^{(1)}} \frac{\partial z_k^{(1)}}{\partial a_k^{(1)}}, \quad (8.20)$$

因为

$$\frac{\partial E}{\partial z_k^{(1)}} = \frac{\partial}{\partial z_k^{(1)}} \left[\frac{1}{2} \sum_{j=1}^q (Z_j - z_j^{(2)})^2 \right] \frac{\partial z_j^{(2)}}{\partial z_k^{(1)}}, \quad (8.21)$$

又因为

$$\frac{\partial z_j^{(2)}}{\partial z_k^{(1)}} = \frac{\partial z_j^{(2)}}{\partial a_j^{(2)}} \frac{\partial a_j^{(2)}}{\partial z_k^{(1)}} = f'(a_j^{(2)}) \frac{\partial a_j^{(2)}}{\partial z_k^{(1)}}, \quad (8.22)$$

所以

$$e_j^{(2)} = (Z_j - z_j^{(2)}) f'(a_j^{(2)}), \quad (8.23)$$

$$\frac{\partial a_j^{(2)}}{\partial z_k^{(1)}} = w_{jk}^{(2)}, \quad (8.24)$$

因此

$$\frac{\partial E}{\partial z_k^{(1)}} = \sum_{j=1}^q e_j^{(2)} w_{jk}^{(2)}, \quad (8.25)$$

又因为

$$\frac{\partial z_k^{(1)}}{\partial a_k^{(1)}} = f'(a_k^{(1)}), \quad (8.26)$$

则隐含层误差为

$$e_k^{(1)} = \left(\sum_{j=1}^q e_j^{(2)} w_{jk}^{(2)} \right) z_k^{(1)}(1 - z_k^{(1)})。 \quad (8.27)$$

第二步：通过梯度下降算法，不断调整输出层和隐含层之间的权重，减小误差，直到误差满足目标。

假设学习速率为 η，且 $\eta \in (0, 1)$，则权重表达式为

$$\Delta w_{jk}^{(2)} = -\eta \frac{\partial E}{\partial w_{jk}^{(2)}}, \quad (8.28)$$

$$\Delta w_{ki}^{(1)} = -\eta \frac{\partial E}{\partial w_{ki}^{(1)}}。 \quad (8.29)$$

经推导

$$\Delta w_{jk}^{(2)} = -\eta e_j^{(2)} z_k^{(1)} = \eta (Z_j - z_j^{(2)})^2 z_j^{(2)} (1 - z_j^{(2)}) z_k^{(1)}, \quad (8.30)$$

$$\Delta w_{ki}^{(2)} = -\eta e_k^{(1)} x_i = \eta \left(\sum_{j=1}^{q} e_j^{(2)} w_{jk}^{(2)} \right) z_k^{(1)} (1 - z_k^{(1)}) x_i。 \quad (8.31)$$

每 2 次修正之间的迭代公式为:

$$\Delta w_{jk}^{(2)}(n+1) = w_{jk}^{(2)}(n) + \Delta w_{jk}^{(2)}, \quad (8.32)$$

$$\Delta w_{ki}^{(1)}(n+1) = w_{ki}^{(1)}(n) + \Delta w_{ki}^{(1)}。 \quad (8.33)$$

由上面可最终推出 AHP-BP 神经网络的算法流程如图 8.3 所示。

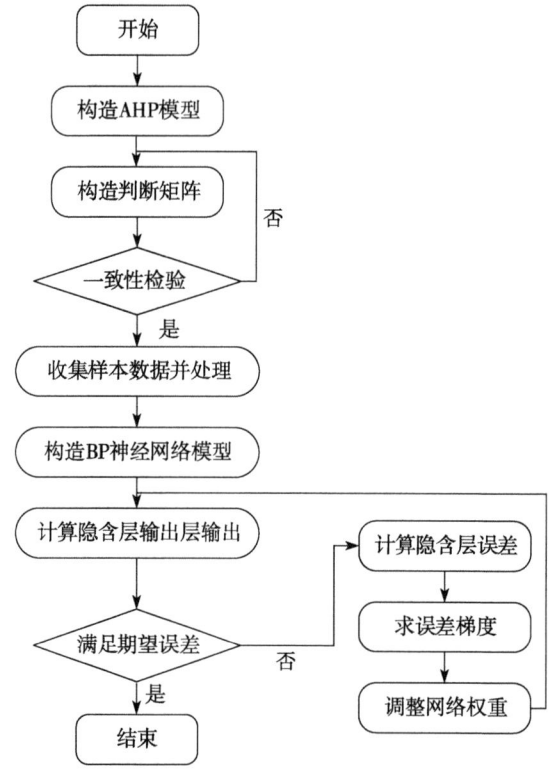

图 8.3 AHP-BP 神经网络算法流程

七、AHP-BP 神经网络模型构建

（1）构造网络层次结构模型

目标层为品牌强度，准则层为 4 个一级指标分别为财务价值、市场价值、消费者价值、社会价值，方案层为指标体系的 20 个二级指标，模型框架如图 8.4 所示。

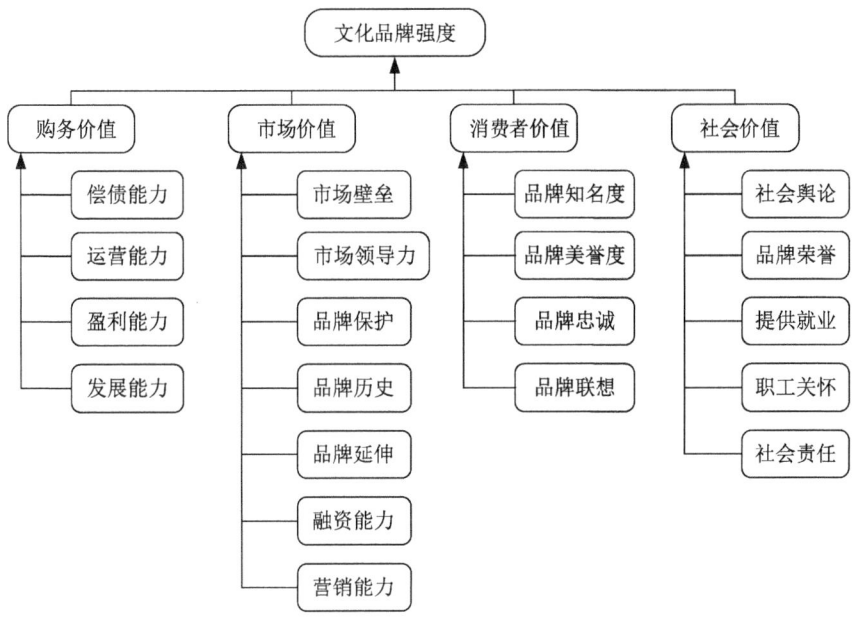

图 8.4　AHP-BP 神经网络模型框架

（2）构造判断矩阵

在层次模型的基础上，构造各层次的判断矩阵，用数字表示相对重要程度，以此来表示各要素相对上一层的重要程度。判断矩阵如表 8.1 所示，打分原则如表 8.2 所示。

表 8.1　判断矩阵示意

A	C_1	C_2	...	C_N
C_1	a_{11}	a_{12}	...	a_{1n}
C_2	a_{21}	a_{22}	...	a_{2n}

续表

A	C_1	C_2	...	C_N
⋮	⋮	⋮	⋮	⋮
C_N	a_{n1}	a_{2n}	...	a_{nn}

表 8.2 打分原则表

相对重要程度	含义
1	2 指标重要程度
3	一个指标较另一个较重要
5	一个指标较另一个非常重要
7	一个指标较另一个特别重要
9	一个指标较另一个极其重要
2, 4, 6, 8	重要程度介于中间
倒数	重要性相反情况

（3）层次单排序和一致性检验

层次单排序反映的是本层次相对上一层次各元素的重要性的。判断矩阵 **b** 需满足公式：

$$BW = \lambda_{max} W, \quad (8.34)$$

由于人的认知能力是有限的，判断矩阵可能不一致，因此需要进行一致性检验，一致性检验指标为 CI，计算公式为

$$CI = \frac{\lambda_{max} - n}{n - 1}, \quad (8.35)$$

当 $CI = 0$，即 $\lambda_1 = \lambda_{max}$ 时，判断矩阵具有完全一致性。当判断矩阵阶数逐渐增加时，一致性检验指标为 CR，计算公式为：

$$CR = \frac{CI}{RI}。 \quad (8.36)$$

其中 RI 的取值与阶数有关，对应关系如表 8.3 所示。

表8.3 RI 取值表

n	1	2	3	4	5	6	7	8	9	10	11
RI	0	0	0.58	0.9	1.12	1.24	1.32	1.41	1.45	1.49	1.51

若判断矩阵的 $CR<0.1$，则判断矩阵通过一致性检验，否则需要继续调整。

（4）层次总排序

层次总排序得出的是某一层次所有因素对上一层的重要程度，计算公式为：

$$CR = \frac{a_1 CI_1 + a_2 CI_2 + \cdots + a_m CI_m}{a_1 RI_1 + a_2 RI_2 + \cdots + a_m RI_m} \tag{8.37}$$

若判断矩阵的 $CR<0.1$，则判断矩阵通过一致性检验，否则需要继续调整。

（5）确定 BP 神经网络各层神经元的个数

输入神经元个数为二级指标个数，品牌强度评价指标个数为20，因此输入层神经元个数为20，输出层只有一个品牌强度评价结果，所以输出层个数为1。隐含层神经元个数遵从经验公式：tansig 函数，根据测算，隐含层神经元个数初步确定为8个，由于在训练BP神经网络时，隐含层个数会对结果有影响，因此在训练过程中，可能对隐含层神经元个数进行调整。最终网络模型如图8.5所示。

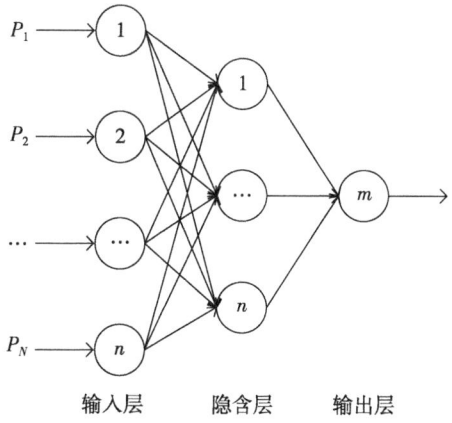

图 8.5 BP 神经网络模型

(6) 确定 BP 神经网络激活函数

原始的感知机没有激活函数,神经元的输入到输出是通过加权和实现的,因此函数的逼近能力十分有限,这就需要在各神经元节点上加一个非线性函数,提高拟合能力。经过对模型的调试,发现 trainrp 函数训练的误差最小,因此隐含层函数为 tansig,输出层函数为 logsig,训练函数为 train.rp。

(7) 收集样本数据,并将数据进行归一化处理

通过问卷的形式得到原始样本数据,但原始的数据样本之间可能存在差异,为了保证数据的统一性,对数据进行归一化处理,处理方法为:

$$X_i = \frac{X - \min(X)}{\max(X) - \min(X)}。 \quad (8.38)$$

(8) BP 神经网络训练

运用 MATLAB 软件,将训练样本代入到网络模型进行训练,输入层个数为 20,隐含层个数为 8,输出层个数为 1,隐含层函数为 tansig,输出层函数为 logsig,最大训练次数为 1000,训练目标误差为 0.01,学习率为 0.1。不断调整神经元之间的连接阈值,直到训练图像收敛,误差在允许范围内,训练结束。

(9) 模型检验

在训练结束后,将检测样本输入到模型当中去检验训练效果,如若测试输出能与测试样本的输出误差为 0~0.01,则该模型是合理可用的,可以将全部的样本输入模型,得到品牌强度。

第 9 章 改进 Interbrand 模型的应用

一、行业概况及评估对象

（1）行业发展状况

根据中国传媒产业发展报告，2019年文化传媒产业继续向好发展，发展势头强劲。2018年中国传媒产业总规模达20 959.5亿元，传媒产业增长率依然保持在2位数，但是相比2017年下降了6.6%，具体来看移动数据和互联网媒体对产业的贡献值最大，其次是网络广告，再次是电视广播媒体。传统报刊出版产业经营持续断崖式下跌，报纸的广告收入只有2011年的15.7%，期刊的发行收入也只有2013年的66.7%。电视电影广播方面发展平稳，2018年网络视听行业市场规模达到2016.8亿元首次超过了广播电视，电影市场平稳中继续向前，2018年中国电影总票房达到了609.76亿元，位列全球第二，观影人次增长率为5.9%，虽然有所降低，但依旧保持增长态势。新媒体发展更为强劲，通信技术的发展，使得短视频媒体模式快速崛起，成为主要传播方式之一。随着互联网企业加大了传媒产业的投资与布局，未来传媒行业可能在互联网成为传媒企业资本主导者的情况下加大与互联网的融合，迸发出新的活力。

（2）评价对象介绍

根据中国传媒产业发展报告的划分，目前传媒产业主要分为3大板块，分别是纸质媒体、广播电视电影媒体，以及新媒体。分别在3家媒体当中选择一个代表性企业进行实证分析。

纸质媒体代表企业是上海新华传媒股份有限公司，它是国内唯一横跨出版发行和报刊经营行业的大型传媒企业，是中国出版发行行业第一家上市公司，被誉为"媒体品牌管家"。电视电影媒体代表企业是华谊兄弟传媒股份有限公司（简称"华谊兄弟"），华谊兄弟是中国知名综合性传媒企业，主要经营电视电影开发、制作与发行业务，该公司于 2009 年在深交所上市，是中国影视行业第一家上市公司，被誉为"中国影视娱乐第一股"。新媒体代表企业是新浪微博，新浪微博是新浪开发的一款基于用户关系的社交媒体平台，自 2009 年上线以来，微博用户一直呈现爆发式增长，被誉为"中国第一自媒体平台"，并且于 2014 年在纳斯达克上市。

二、模型应用

（1）数据来源

模型的数据来自上海新华传媒股份有限公司、华谊兄弟传媒股份有限公司和新浪微博的年度财务报告，以及专家和行业从业人员的打分表，数据真实可靠。

（2）沉淀收益的计算

根据有关沉淀收益的计算方法的介绍，通过查找新华传媒、华谊兄弟和新浪微博的财务报告，获取了 3 家公司 2016—2018 年的财务数据，预测了其 2019—2023 年的沉淀收益，详情如表 9.1 所示。

第9章 改进 Interbrand 模型的应用

表 9.1 沉淀收益预测表

指标	2016年	2017年	2018年	增长率	2019年	2020年	2021年	2022年	2023年
新华传媒沉淀收益									
净收入/万元	4052.58	4077.62	2104.49	0.28%	1575.34	1223.25	984.02	819.07	704.66
无形资产/万元	3047.13	2894.23	2189.98	0.11%	1946.09	1729.36	1536.76	1365.62	1213.53
商誉/万元	33 048.17	33 048.17	33 048.17	0.06%	30 966.51	29 015.98	27 188.30	25 475.75	23 871.07
总资产/万元	394 893.12	389 521.20	384 841.49	0.04%	370 456.70	356 609.60	343 280.08	330 448.79	318 097.12
报酬率	0.01	0.01	0.01		0.01	0.01	0.01	0.01	0.01
沉淀收益/万元	370.43	376.26	192.70		139.96	105.46	82.34	66.53	55.57
华谊兄弟沉淀收益									
净收入/万元	99 395.22	98 704.62	90 891.73	0.04%	87 314.31	84 259.53	81 680.12	79 536.88	77 797.71
无形资产/万元	7321.40	5297.55	4909.59	0.08%	4496.45	4118.07	3771.54	3454.17	3163.50
商誉/万元	357 024.88	304 679.39	209 627.57	0.15%	177 583.27	150 437.35	127 441.05	107 960.02	91 456.93
总资产/万元	1 985 263.11	2 015 466.27	1 843 969.50	0.01%	1 868 298.84	1 892 949.19	1 917 924.77	1 943 229.88	1 968 868.87
报酬率	0.05	0.05	0.05		0.05	0.04	0.04	0.04	0.04
沉淀收益/万元	18 241.55	15 180.68	10 574.82		8509.43	6879.62	5588.05	4560.21	3738.82
新浪微博沉淀收益									
净收入/万元	23 248.52	71 851.52	238 248.20	2.20%	710 243.82	1 960 973.00	4 982 562.65	11 563 228.66	24 289 903.52
无形资产/万元	1336.88	748.00	351.56	0.47%	185.75	98.14	51.85	27.39	14.47
商誉/万元	7559.56	6980.88	9125.60	0.06%	9687.63	10 284.27	10 917.65	11 590.05	12 303.85
总资产/万元	570 648.52	705 121.92	1 742 036.92	0.63%	2 844 775.64	4 645 566.55	7 586 288.45	12 388 536.86	20 230 689.43
报酬率	0.04	0.10	0.14		0.25	0.42	0.66	0.93	1.20
沉淀收益/万元	362.45	787.57	1296.14		2465.05	4382.59	7204.61	10 843.50	14 789.95

三、品牌作用指数的计算

品牌作用指数采用 ANP 方法计算,由于 ANP 方法计算过程比较复杂,所以 ANP 超矩阵、加权超矩阵、极限超矩阵及最后的指标权重均通过 Super Decision 软件来计算,具体过程如下。

(1) 构件网络层次分析模型

依照网络层次模型,其中控制层为 S=(无形资产超额收益),网络层包含 4 个一级指标 C=(降低成本、增加销售、提升竞争力、价格优势)和图 8.2 中的 9 个二级指标,且 9 个二级指标之间存在反馈关系。

(2) 构建矩阵

原始判断矩阵采用德尔菲法与两两比较法,打分专家小组共有 20 人,其中品牌价值评估专家教授 10 人,文化传媒行业管理人员 10 人,各位专家依照 1~9 标度评价准则,对有反馈关系的指标进行两两比较,最终将各位专家打分取平均值构成判断矩阵最终分值。由于 ANP 方法计算过程比较复杂,所以 ANP 超矩阵、加权超矩阵、极限超矩阵及最后的指标权重均通过 Super Decision 软件来计算,计算结果如表 9.2 所示。

表 9.2 品牌作用指数结果表

一级指标	二级指标	新华传媒	华谊兄弟	新浪微博
降低成本	技术水平	0.382 80	0.041 38	0.413 74
	管理能力	0.179 70	0.627 59	0.103 56
	研发能力	0.4374	0.331 03	0.482 70
增加销售	营销水平	0.581 80	0.715 78	0.748 39
	信息化程度	0.418 20	0.284 22	0.251 61
提升竞争力	人才建设	0.395 51	0.337 55	0.552 93
	企业文化	0.647 27	0.481 41	0.381 66
	知识管理	0.123 08	0.015 18	0.065 42
价格优势	企业品牌	0.816 35	0.704 09	0.900 94
	企业信用	0.183 65	0.295 91	0.099 06

四、品牌强度的计算

(1) AHP 模型确定指标权重

根据构建的模型,请专家对各层指标,按照规定的打分规则进行打分,邀请了 10 位该领域的专家,其中 5 位为品牌领域的专家学者,5 位为文化企业的高管,将专家打分结果取平均数构成评价矩阵,各判断矩阵如表 9.3~表 9.7 所示,由于篇幅原因,只展示新华传媒的计算过程,另外 2 家企业计算过程相同。

表 9.3 准则层判断矩阵

准则层	财务价值	市场价值	消费者价值	社会价值
财务价值	1	1/4	1/3	1/2
市场价值	3	1	1/2	1/3
消费者价值	3	2	1	1/2
社会价值	2	3	2	1

表 9.4 财务指标评价矩阵

财务能力	偿债能力	营运能力	盈利能力	发展能力
偿债能力	1	1/4	1/2	2
营运能力	4	1	3	4
盈利能力	2	1/3	1	3
发展能力	1/2	1/4	1/3	1

表 9.5 市场指标评价矩阵

市场能力	市场壁垒	市场领导力	品牌保护	品牌历史	品牌延伸	融资能力	营销能力
市场壁垒	1	3	1/2	1/2	3	3	4

市场能力	市场壁垒	市场领导力	品牌保护	品牌历史	品牌延伸	融资能力	营销能力
市场领导力	1/3	1	1/2	1/2	4	2	2
品牌保护	2	2	1	1/2	3	2	3
品牌历史	2	2	2	1	3	2	3
品牌延伸	1/3	1/4	1/3	1/3	1	1/3	1/2
融资能力	1/3	1/2	1/2	1/2	3	1	3
营销能力	1/4	1/2	1/3	1/3	2	1/3	1

表9.6 消费者指标评价矩阵

消费者能力	品牌知名度	品牌美誉度	品牌忠诚	品牌联想
品牌知名度	1	1/2	3	4
品牌美誉度	2	1	2	4
品牌忠诚	1/3	1/2	1	3
品牌联想	1/4	1/4	1/3	1

表9.7 社会指标评价矩阵

社会指标	社会舆论	品牌荣誉	提供就业	职工关怀	社会责任
社会舆论	1	1/2	3	1/2	1/2
品牌荣誉	2	1	3	1	1/3
提供就业	1/3	1/3	1	1/4	1/5
职工关怀	2	1	4	1	1/3
社会责任	2	3	5	3	1

(2) 将各个判断矩阵输入MATLAB程序中，求得各层的权重向量为

$W_1 = (0.1406, 0.5309, 0.2372, 0.0914)$

$W_2 = (0.2032, 0.1217, 0.2047, 0.2486, 0.0488, 0.1061, 0.0614)$

$W_3 = (0.3301, 0.4177, 0.1746, 0.0776)$

$W_4 = (0.1380, 0.1889, 0.0580, 0.2001, 0.4151)$

归一化后结果为：

$W_1' = (0.1405, 0.5308, 0.2371, 0.0914)$

$W_2' = (0.2032, 0.1271, 0.2047, 0.2486, 0.0488, 0.1061, 0.0614)$

$W_3' = (0.3301, 0.4177, 0.1746, 0.0776)$

$W_4' = (0.1380, 0.1889, 0.0580, 0.2001, 0.4151)$

则品牌价值评估指标体系的权重如表9.8所示。

表9.8 品牌强度权重表

指标体系	新华传媒权重	华谊兄弟权重	新浪微博权重
偿债能力	0.141	0.126	0.094
营运能力	0.531	0.321	0.146
盈利能力	0.237	0.438	0.269
发展能力	0.091	0.115	0.491
市场壁垒	0.203	0.039	0.039
市场领导力	0.127	0.160	0.206
品牌保护	0.205	0.095	0.044
品牌历史	0.249	0.083	0.060
品牌延伸	0.049	0.050	0.096
融资能力	0.106	0.229	0.190
营销能力	0.061	0.344	0.365
品牌知名度	0.330	0.469	0.458
品牌美誉度	0.418	0.095	0.079
品牌忠诚	0.175	0.201	0.289
品牌联想	0.078	0.236	0.173
社会舆论	0.138	0.153	0.061
品牌荣誉	0.189	0.272	0.133
提供就业	0.058	0.199	0.444

续表

指标体系	新华传媒权重	华谊兄弟权重	新浪微博权重
职工关怀	0.200	0.151	0.230
社会责任	0.415	0.225	0.133

（3）BP 神经网络的样本选择与数据获取

对文化传媒从业人员发放问卷，请调查人员对被评价企业的 20 个指标进行打分，打分范围为 0~10 分，回收调查问卷数据，随机选取 200 条数据作为训练样本，并且将回收的问卷得分与权重相乘，求出品牌价值的最后得分，即期望输出。将样本数据输入网络模型，样本数据如表 9.9 所示。

表 9.9 训练样本表

序号	V_{11}	V_{12}	V_{13}	V_{14}	V_{21}	V_{22}	V_{23}	V_{24}	V_{25}	V_{26}	V_{27}	V_{31}	V_{32}	V_{33}	V_{34}	V_{41}	V_{42}	V_{43}	V_{44}	V_{45}	Y
1	3	2	1	5	6	7	8	1	2	3	5	4	6	8	4	12	3	5	6	4	17.8033
2	10	8	0	0	0	5	10	0	10	1	10	0	0	5	2	0	5	10	2	5	14.5722
3	9	6	6	6	8	9	6	9	6	7	6	8	9	8	9	9	9	9	8	8	30.8648
4	5	6	3	8	0	2	9	3	8	4	8	4	9	0	3	8	2	8	4	9	20.2597
5	5	4	5	7	7	6	7	8	4	5	6	7	7	6	8	8	6	8	5	8	24.8498
6	7	7	5	7	7	6	7	8	7	7	6	7	7	7	8	8	9	8	9	5	30.0687
7	4	7	6	8	9	6	6	7	8	5	7	8	5	5	8	7	8	7	5	8	26.7712
8	4	3	5	6	3	3	3	6	3	4	4	3	3	3	3	3	4	5	3	5	14.9379
9	6	5	7	5	4	6	7	5	6	6	4	7	6	5	7	6	6	6	5	6	22.4728
10	6	7	8	2	9	4	6	5	2	5	5	7	2	7	4	6	8	3	6	21.7958
⋮	⋮	⋮	⋮	⋮	⋮	⋮	⋮	⋮	⋮	⋮	⋮	⋮	⋮	⋮	⋮	⋮	⋮	⋮	⋮	⋮	⋮
200	6	7	7	6	7	6	6	7	6	7	7	8	7	8	7	8	8	8	8	6	27.2361

（4）BP 神经网络参数设置与训练

利用 MATLAB 2018a 读取训练数据，运用 mapminmax 函数进行数据归一化处理。函数设置方面，隐藏层函数选用 tansig 函数，输出层函数选择 logsig 函数，训练函数为弹性梯度下降算法 trainrp，学习率 lr＝0.1，训练次数为 1000，精准度为 0.01，其余参数均为默认值。之后运行，对模型进行训练，训练过程和训练结果如图 9.1 所示。训练误差如图 9.2 所示，横坐标为训练次数，纵坐标为训练误差。由图 9.1 可知经历了 848 次训练，函数收敛，误差达到为 1.88×10^{-8}，大约 200 多次训练，结果达到目标误差值

0.01，模型训练完成且可以达到目标误差，模型可用。

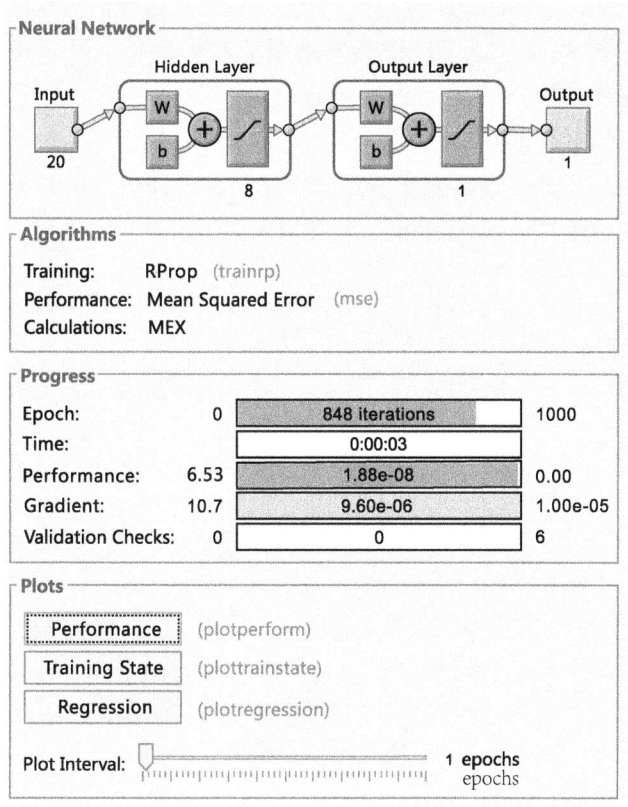

图 9.1 训练过程和结果

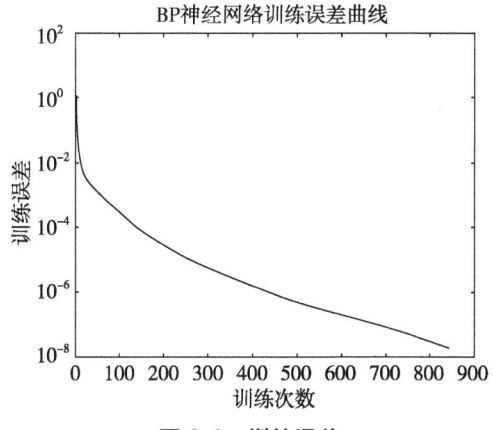

图 9.2 训练误差

由图 9.3 可知，当训练达到 200 次以上时，BP 神经网络已经达到目标误差，满足要求，当训练在 700 次以上时误差函数已经绝对收敛，误差量级为 10^{-8}，可以忽略不计，因此神经网络训练效果良好，训练完成，模型可用，可以用验证样本对其进行后续验证。

（5）神经网络测试

选取最后 10 个样本数据作为测试数据，利用训练过后的模型对其进行仿真实验，检验网络的训练效果，仿真结果如图 9.3 所示，相对误差结果如图 9.4 所示。

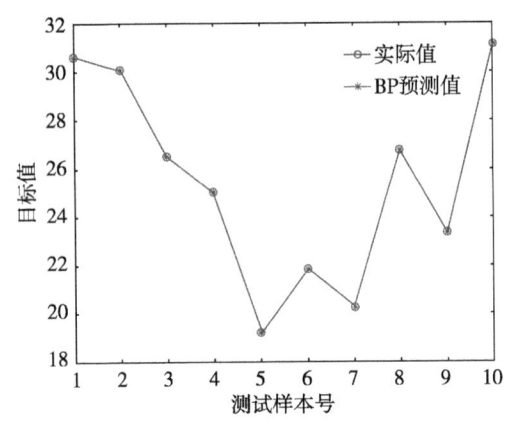

图 9.3　仿真结果

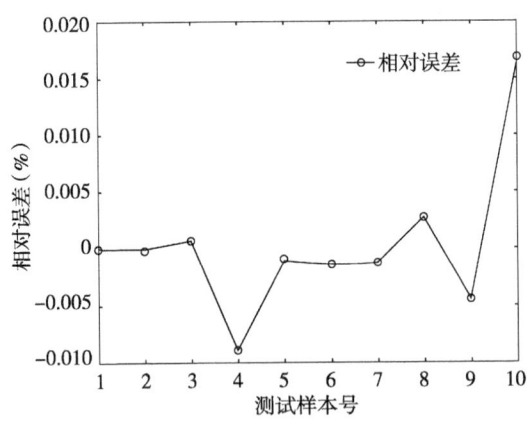

图 9.4　相对误差结果

观察仿真结果，发现 BP 神经网络输出值与实际值几乎重合，误差很小，观察相对误差结果图可以发现最大误差为 0.018，最小误差为 0.0001 左右，其余误差在两者之间，说明测试样本的所有数据均达到目标误差，

BP神经网络仿真效果达到要求。

（6）计算品牌强度得分

由前文可以得到BP神经网络模型训练结果误差在0.001范围内，误差很小，贴近现实，因此可以将专家数据输入网络，获取最终的品牌得分。让10位专家对3个企业的品牌强度的20个指标进行打分，并且取平均数输入神经网络，最终得到3家企业的品牌强度得分，分别为18.59、20.94、27.50。利用Interbrand转化公式最终求得3家公司的品牌强度为6.1、6.5、7.4，则转化率分别为0.16、0.15、0.13。

从品牌强度的结果来看，3家企业的得分差别不是很大，证明3家企业的品牌在未来的收益能力相差不会特别大，但相对来讲还是新浪微博最具有发展潜力，华谊兄弟保持平稳，新华传媒还需要加大发展力度。

五、评估结果与分析

（1）评估结果

在得到沉淀收益、品牌作用指数、品牌强度的基础上，利用公式得到最后的品牌价值，结果如表9.10所示。

表9.10 品牌价值评价结果

指标	2019年	2020年	2021年	2022年	2023年
新华传媒品牌价值评估结果					
沉淀收益/万元	139.96	105.46	82.34	66.53	55.57
品牌作用指数	0.82	0.82	0.82	0.82	0.82
品牌收益/万元	114.77	86.48	67.52	54.56	45.57
贴现率	0.0575	0.0575	0.0575	0.0575	0.0575
年品牌价值/万元	108.53	84.10	57.10	43.63	34.46
品牌价值/万元	274.31				
华谊兄弟品牌价值评估结果					
沉淀收益/万元	8509.43	6879.62	5588.05	4560.21	3738.82
品牌作用指数	0.70	0.70	0.70	0.70	0.70

续表

指标	2019年	2020年	2021年	2022年	2023年
品牌收益/万元	5956.60	4815.73	3911.64	3192.15	2617.18
贴现率	0.0641	0.0641	0.0641	0.0641	0.0641
年品牌价值/万元	5598.04	4668.54	3246.91	2490.18	1918.75
品牌价值/万元	15 368.63				
新浪微博品牌价值评估结果					
沉淀收益/万元	2465.05	4382.59	7204.61	10 843.50	147 89.95
品牌作用指数	0.90	0.90	0.90	0.90	0.90
品牌收益/万元	2220.86	3948.45	6490.92	9769.34	13 324.86
贴现率	0.0600	0.0600	0.0600	0.0600	0.0600
年品牌价值/万元	2095.08	3835.01	5449.35	7737.20	9955.44
品牌价值/万元	23 402.20				

（2）结果分析

以 Interbrand 模型为基础，结合中国文化传媒产业特点，构建新的模型，对新华传媒、华谊兄弟、新浪微博 3 家代表性企业进行品牌价值评估。最终得出新浪微博的品牌价值最高，为 23 402.2 万元；第二是华谊兄弟，品牌价值为 15 368.63 万元；最后是新华传媒，品牌价值为 274.31 万元。

从沉淀收益预测来看新浪微博 2012—2023 年的净收入最高，其次是华谊兄弟，新华传媒的收入最低。由于互联网的发展，目前内容生成与传播主要都是新媒体形式，这使传统纸媒的市场份额减小从而导致收入降低，所以尽管新华传媒是纸媒中发展较好的企业，但是其收入也不会超过新浪微博这种新媒体企业。华谊兄弟作为电视电影制作的龙头企业近几年出版发行了《老炮儿》《芳华》等多部高票房电影，使其收入很高，但是值得注意的是，从增长率来看，华谊兄弟是负增长的，这导致它的预测收益连年下降，如果一直保持这样的趋势，华谊兄弟未来的净收入可能为负数，企业将面临财务危机。新媒体代表新浪微博的财务收入最开始是低于华谊兄弟的，但是因为其增长率为正数，使其发挥出巨大的潜力，再后来赶超了华谊兄弟，在财务因素上表现最好。这也印证了在当下互联网时代，消费者获取资讯与娱乐的方式发生了巨大的改变，传统媒体受到了一定程度的冲击，所以建议传统媒体调整业务结构,与互联网融合,适应时代发展,比如新华传媒可以开发电子书业务,华谊兄弟也可以与互联网播放平台等合作,推出网剧、网综等。

从品牌作用指数来看新浪微博的最高为0.9,新华传媒第二位为0.81,华谊兄弟最低为0.7,可能由于3家公司都是各自板块中的领导性企业,所以相差并不是很大,华谊兄弟企业品牌权重偏低。另外,在无形资产超额收益的其他因素中,新华传媒的企业文化权重较高,华谊兄弟的管理水平和营销能力的权重较高,而新浪微博的研发能力与技术水平权重较高。新华传媒继承了新华书店70年的优秀传统,始终坚守宣传真理、传播知识、传承文化的历史责任,相较于其他企业更具有浓厚的文化底蕴,因此企业文化权重较大,可以为企业带来收益。华谊兄弟成立于1994年是中国比较早的娱乐公司,拥有完整的管理体系。华谊兄弟通过集团化管理方式将电影的生产、发行、放映整合,形成完整产业链,提高自身竞争力。另外华谊兄弟在电视、音乐、游戏、投资、实景娱乐等方面也有涉猎,通过多元化经营壮大公司,在艺人经纪管理方面华谊兄弟采用的是工作室制度,工作室自负盈亏这种管理方式可以激发工作人员的责任感,将效益最大化。在营销方面华谊兄弟与多家电视媒体、网络媒体、杂志媒体都有良好的合作关系,营销方式多样化,同时旗下拥有多位有号召力的导演与演员,可以增强营销效果,总之华谊兄弟在产品的宣传与营销方面拥有强大的资源与能力。由此可以得出华谊兄弟的营销能力与管理水平的权重比较大是必然的结果。新浪微博是基于互联网的新媒体企业,可以说是高新技术企业与文化传媒企业的混合体,每天生成的海量内容数据都需依靠技术来审核、传播,所以相比较于其他企业,新浪微博的技术水平、研发能力都是比较强的。最后,纵观所有指标的权重,3家企业的知识管理的权重都比较低,而知识管理在企业中可以整合资源,合理分配任务,提高整个企业的效率,对企业发展有积极的作用,所以建议3家公司加强公司的知识管理。

从品牌强度来看,新浪微博的品牌强度最高,为27.5,华谊兄弟第二,为20.94,新华传媒最低,为18.59。

第一,从财务价值要素方面,新浪微博的各项财务能力相比于其他两家表现比较强劲,这可能是因为新浪微博还具有高新技术企业的特性,在互联网大时代下财务能力比较突出,新华传媒在各项财务能力上都较弱,这可能是因为其财务状态不佳导致的,传统媒体收到互联网的冲击,整体营收都处于下滑状态,因此传统媒体需要想办法转型实现与互联网的结合。

第二，在市场价值要素方面，华谊兄弟和新浪微博的市场表现能力都很好，权重都比较高，但是新华传媒的市场能力相对较弱。具体来看，新浪微博主要优势在于营销能力和市场领导力，新浪微博依靠自身海量数据可以分析消费者行为，把消费者分类并形成每一类的用户画像，实现快速传播和精准营销，简单来说新浪微博依靠数据驱动营销，效果比其他方式更加精准，使其营销能力大大增强。另外，新浪微博是中国第一家自媒体平台，拥有3.4亿用户，每天产生海量自媒体内容，根据新浪微博年度报告，每天日活数在30%以上，是最为活跃的用户自媒体平台，因此在领导力方面具备突出优势。华谊兄弟的主要优势在于营销能力和融资能力，华谊兄弟在影视公关营销方面具有强大的资源与经验，在营销方式、营销渠道等方形成了自己的营销网，具备强大的营销能力，另外，华谊兄弟旗下拥有多位知名艺人、导演，在影视宣传方面隐形中自带知名度，可以为营销造势，形成更大的影响力。但是两家公司的市场壁垒都不是很高，同类型企业众多，想要一直保持领先的市场地位需要不断的改革创新。对于新华传媒，虽然其市场能力表现相对处于弱势，但是作为传统媒体其市场壁垒和品牌保护得分还是很高，一方面从事出版行业的企业都需要国家新闻出版署、出版行政部门等多家单位特批，使其准入标准较高形成壁垒，另一方面考虑到我国从事出版行业的企业大多是国营的，拥有多项专利，受到法律保护，所以品牌保护较好。由此推论出营销能力对于品牌的市场表现可能具有非常大的影响，因为品牌价值形成的第二阶段品牌传播，主要依靠营销手段。

第三，在消费者要素方面，新华传媒优势明显，新浪微博居中，华谊兄弟相对处于弱势。新华传媒的主要优势在于品牌美誉度方面，作为出版行业新华传媒多年来拥有中小学教材等质量要求比较高的图书发行权，拥有《新闻晨报》广告经营代理权和《上海学生英文报》等多家知名报刊的经营权，积累了较好的口碑，拥有较高的品牌美誉度。但是对于华谊兄弟来讲，其出品的作品质量参差不齐，而且观众熟知的作品以商业片居多，因此美誉度方面需要提高。新浪微博因为是自媒体平台，其发布的信息纷乱复杂、真假参半，而且近年来营销内容过多，缺乏真实有效的信息，容易给用户造成困扰，导致其美誉度降低，对于微博来说，需要做的是加强管理，比如内容审核方面。另外，华谊兄弟在品牌联想方面表现突出，华谊兄弟作品类型众多，观众接触不同类型、不同形式的作品，在脑海中留下了更多的认知碎片，触发联想的可能性更大。新浪微博在品牌忠诚方面表现突出，自媒体读者有自己习惯使用的平台和习惯的格式,新浪微博依靠海量数据可以分析消费者的阅读习惯和喜欢的内容,从而不断推送其该兴趣的话题,且不定期发起用户感兴趣的话题活动,促进活跃性,并且新浪微博依据技术革新,不断优化内容形式,从短文字,进化到图文结合,再到短视频,多方位的优化用户阅读体验,这一系列的行为使得消费者逐渐形成对平台的依赖,变为忠诚消费者。

第四,在社会因素方面,3家企业各有所长,每个企业的优势各不相同,新华传媒在社会责任方面具有一定优势,新华传媒拥有中小学教材的发行权,承担了一部分教育责任。另外,新华传媒旗下的书店给消费者提供了最直接的读书渠道,对于营造全民读书氛围也做出了贡献。华谊兄弟在品牌荣誉上优势明显,华谊兄弟曾连续3年入围中国文化30强企业,旗下艺人、导演及作品也受到业内肯定,获得过中外许多重要奖项,因此在品牌荣誉方面,作为专业老牌电视电影制作企业,确实具备优势。新浪微博在提供就业上表现突出,微博作为互联网传媒企业,随着互联网经济的发展,快速扩张,需要大量人才对平台进行开发、运营、维护、建设等工作,因此相比于传统的文化传媒企业,微博可以给社会提供更多的就业机会,实现互利共赢。

参考文献

[1] 《决胜全面建成小康社会 夺取新时代中国特色社会主义伟大胜利》[EB/OL]. (2017-10-27) [2020-12-22]. http://cpc.people.com.cn/19th/n1/2017/1027/c414395-29613458.html?from=groupmessage&isappinstalled=0.

[2] 国务院关于同意设立"中国品牌日"的批复[EB/OL]. (2017-05-02) [2020-12-22]. http://www.gov.cn/zhengce/content/2017-05/02/content_5190380.htm.

[3] 董纪昌,焦丹晓,孙熙隆. 基于社会网络分析的全球跨国并购研究[J]. 管理评论, 2016, 28 (10): 202-213.

[4] 王宗水,赵红,刘宇,等. 社会网络研究范式的演化、发展与应用:基于1998~2014年中国社会科学引文数据分析[J]. 情报学报, 2015, 34 (12): 1235-1245.

[5] DAVCIK N S, SHARMA P. Impact of product differentiation, marketing investments and brand equity on pricing strategies: A brand level investigation [J]. European journal of marketing, 2015, 49 (5/6): 760-781.

[6] 胡琴, 郑向前. 成本法在无形资产价值评估中的应用 [J]. 财会通讯, 2009 (10): 112-113.

[7] 王熹. 品牌价值评估体系及其方法选择 [J]. 价格理论与实践, 2012 (3): 85-86.

[8] 周正柱, 朱可超. 知识产权价值评估研究最新进展与述评 [J]. 现代情报, 2015, 35 (10): 174-177.

[9] 王晶, 高建设, 宁宣熙. 收益法评估中折现率研究 [J]. 管理世界, 2011 (4): 184-185.

[10] 康云萍, 张文德. 利用收益分成法评估数字图书馆的著作权 [J]. 情报杂志, 2007 (10): 22-23, 26.

[11] 王成荣, 王玉军. 老字号品牌价值评价模型 [J]. 管理评论, 2014, 26 (6): 98-106.

[12] SHOCKER A D, AAKER D A. Managing brand equity [J]. Journal of marketing research, 1993, 30 (4): 183-197.

[13] NICK K. The world's greatest brands [M]. London: Macmillan Press, 1996: 25-39.

[14] 张弢, 康金利. 基于Interbrand模型的汽车品牌资产评估实证研究: 以上汽、长安汽车品牌为例 [J]. 工业技术经济, 2016, 35 (5): 42-51.

[15] CHU S F, KEH H T. Brand value creation: analysis of the interbrand-business week brand value rankings [J]. Marketing letters, 2016, 17 (4): 323-331.

[16] 龚艳萍, 谌飞龙. 品牌价值评估的理论演进与实践探索 [J]. 求索, 2014 (3): 24-30.

[17] 梁城城, 胡智, 李业强, 等. 国际品牌价值评价方法及最新进展 [J]. 管理现代化, 2018, 38 (6): 86-91.

[18] LEE A Y, LABROO A A. The effect of conceptual and perceptual fluency on brand evaluation [J]. Journal of marketing research, 2004, 41 (2): 51-55.

[19] SUNG Y J, CHOI S M, LIN J Y. The interplay of culture and situational

cues in consumers' brand evaluation [J]. International IJC, 2012, 36 (6): 12-16.

[20] 谌飞龙, 龚艳萍. 我国品牌发展格局分布及其内在产业协调性分析: 基于 Interbrand 和 BrandZ 品牌价值榜的比较 [J]. 兰州学刊, 2014 (7): 156-163.

[21] 周红燕. 我国渔业品牌价值评估及提升研究 [D]. 青岛: 中国海洋大学, 2014.

[22] 陆娟. 品牌资产价值评估方法评介 [J]. 统计研究, 2001 (9): 34-37.

[23] KELLER K L. Conceptualizing measuring and managing customer-based brand equity [J]. Journal of marketing, 1993, 57 (1): 1-22.

[24] KELLER K. Strategic brand management [M]. London: Prentice Hall, 1998.

[25] AAKER D A, KELLER K L. Consumer evaluation of brand extension [J]. Journal of marketing, 1990, 54 (1): 27-41.

[26] AAKER D A. Managing brand equity: capitalizing on the value of a brand name [J]. Journal of marketing, 1992, 56 (2): 69-71.

[27] AAKER D A. Building strong brands [J]. Brandweek, 1996, 58 (2): 115-118.

[28] 王占华. 景区品牌价值评价模型构建 [J]. 湖南社会科学, 2015 (4): 160-164.

[29] 周海. 品牌价值评估方法 [J]. 中国流通经济, 2001 (2): 44-47.

[30] AAKER D A. Measuring brand equity across products and markets [J]. California management review, 1996, 38 (3): 102-120.

[31] YOO B, DONTHU N. Developing and validating a consumer-based overall brand equity scale for Americans and Koreans: an extension of aaker's and keller's conceptualizations [C]. AMA summer educators conference, chicago, 1997.

[32] WASHBURN J H, PLANK R E. Measuring brand equity: an evaluation of a consumer-based brand equity scale [J]. Journal of marketing theory and practice, 2002, 10 (1): 46-62.

[33] 范秀成, 冷岩. 品牌价值评估的忠诚因子法 [J]. 科学管理研究, 2000 (5): 50-56.

[34] 范秀成. 品牌权益及其测评体系分析 [J]. 南开管理评论, 2000 (1): 9-15.

[35] 卢泰宏. 品牌资产评估的模型与方法 [J]. 中山大学学报 (社会科学版), 2002, 42 (3): 88-96.

[36] CUNEO A, LOPEZ P, JESUS YAGUE M. Private label brands: measuring equity across consumer segments [J]. Journal of product & brand management, 2012, 21 (6): 428-438.

[37] BLACKSTON M. The qualitative dimension of brand equity [J]. Journal of research, 1995, 35 (4): 2-7.

[38] VELOUTSOU C, CHRISTODOULIDES G, DE CHERNATONY L. A taxonomy of measures for consumer-based brand equity: drawing on the views of managers in Europe [J]. Journal of product & brand management, 2013, 22 (3): 238-248.

[39] OLIVER H, KEN P. Using consumer attitudes to value brands: evaluation of the financial value of brands [J]. Journal of advertising research, 1999, 44 (3): 225-231.

[40] 宋洋洋, 辛婷婷. 文化产品品牌评价指标体系构建与实证 [J]. 统计与决策, 2019, 35 (21): 50-53.

[41] 孟鹏, 荆树伟, 张湘雪. 文化品牌价值评价模型研究 [J]. 标准科学, 2018 (12): 92-99, 104.

[42] 中国品牌编辑部. 品牌价值要素: 明确品牌价值的形成过程与构成要素 [J]. 中国品牌, 2015 (12): 24-25.

[43] 刘文俭. 城市文化品牌建设对策研究 [J]. 城市, 2009 (1): 71-75.

[44] 宋颖鑫. 析成都三圣花乡文化品牌的构建与管理 [D]. 重庆: 重庆大学, 2010.

[45] 欧阳友权. 中国文化品牌的特征及发展对策: 以《中国文化品牌报告》为例 [J]. 深圳大学学报 (人文社会科学版), 2009, 26 (4): 61-63.

[46] 马哲明, 肖艳. 文化品牌研究文献综述 [J]. 北华大学学报 (社会科学版), 2014, 15 (6): 52-55.

[47] 于春玲, 赵平. 品牌资产及其测量中的概念解析 [J]. 南开管理评论, 2003 (1): 10-13, 25.

[48] 吴漪, 何佳讯. 全球品牌资产: 概念、测量与影响因素 [J]. 外国经济与管理, 2017, 39 (1): 29-41, 67.

[49] LASSAR W, MITTAL B, SHANNA A. Measuring customer-based brand equity [J]. Journal of consumer marketing, 1995, 12 (4): 11-19.

[50] 胡振华, 刘国宜, 王敏轶. 品牌价值来源的经济学研究 [J]. 统计与决策, 2013 (4): 180-182.

[51] 张燚, 张锐, 刘进平. 品牌价值来源及其理论评析 [J]. 预测, 2010, 29 (5): 74-80.

[52] BIEL A L. How brand image drives brand equity [J]. Journal of advertising research, 1992 (32): 6-12.

[53] HUTON P. The emerging importance of brand energy in the financial services sector [J]. Journal of financial services marketing 2005, 9 (4): 307-317.

[54] 张曙临. 品牌价值的实质与来源 [J]. 湖南师范大学社会科学学报, 2000 (2): 38-42.

[55] 齐永智, 闫瑶. 品牌价值链视角的品牌权益演进与影响 [J]. 经济问题, 2018 (8): 66-73.

[56] 洪志娟. 品牌价值链中的增值服务: 品牌引领, 科研支撑, 网络推动 [J]. 科技与出版, 2013 (3): 28-30.

[57] 乔均. 网络品牌虚拟价值链构建实证研究 [J]. 中国流通经济, 2009, 23 (2): 50-53.

[58] 王竹泉, 王苑琢, 王舒慧. 中国实体经济资金效率与财务风险真实水平透析: 金融服务实体经济效率和水平不高的症结何在? [J]. 管理世界, 2019, 35 (2): 58-73, 114, 198-199.

[59] 梁彩霞. 常用财务比率指标在企业财务分析中关联探讨 [J]. 财会通讯, 2014 (14): 81-82.

[60] 孙国辉, 韩慧林. 品牌延伸效应的研究评述与展望 [J]. 中央财经大学学报, 2014 (9): 73-82.

[61] BHAT S, REDDY S K. The impact of parent brand attribute associations and affect on brand extension evaluation [J]. Journal of business research, 2001, 53 (3): 111-122.

[62] 宁昌会, 幸佳. 品牌延伸对品牌钟爱的影响研究 [J]. 大连理工大学

学报（社会科学版），2019，40（3）：40-48.

[63] WILSON L O, NORTON J A. Optimal entry timing for a product line extension [J]. Marketing science, 1989, 8 (1): 117.

[64] 郑文清, 胡国珠, 冯玉芹. 营销策略对品牌忠诚的影响: 顾客感知价值的中介作用 [J]. 经济经纬, 2014, 31 (6): 90-95.

[65] ISMAIL A R. The influence of perceived social media marketing activities on brand loyalty: The mediation effect of brand and value consciousness [J]. Asia pacific journal of marketing and logistics, 2017, 29 (1): 1-17.

[66] 谢佩洪, 陈昌东. 品牌认知的双轨驱动机制与市场细分取向 [J]. 管理学报, 2019, 16 (2): 263-272.

[67] 邓诗鉴, 郭国庆, 周健明. 品牌联想、品牌认知与品牌依恋关系研究 [J]. 管理学刊, 2018, 31 (1): 44-53.

[68] 于春玲, 王海忠, 赵平, 等. 品牌忠诚驱动因素的区域差异分析 [J]. 中国工业经济, 2005 (12): 115-121.

[69] 范秀成, 郑秋莹, 姚唐, 等. 顾客满意带来什么忠诚？[J]. 管理世界, 2009 (2): 83-91.

[70] 刘建新, 范秀成. 心之所有, 言予他人？心理所有权对消费者口碑推荐的影响研究 [J]. 南开管理评论, 2020, 23 (1): 144-157.

[71] 孙振杰, 冷莉娜. 缺陷产品召回策略与消费者对品牌态度的变化研究: 基于品牌信任、品牌忠诚和品牌推荐意愿的维度 [J]. 财经问题研究, 2019 (6): 114-121.

[72] YEH C H, WANG Y S, YIEH K L. Predicting smartphone brand loyalty: Consumer value and consumer-brand identification perspectives [J]. International journal of information management, 2016, 36 (3): 245-257.

[73] MARETNO A H, JIM S. Strategic and institutional sustainability: corporate social responsibility, brand value, and Interbrand listing [J]. Journal of product & brand management, 2012, 26 (44): 53-58.

[74] 岳杰. 超额收益法基础上的无形资产评估模型研究 [J]. 统计与决策, 2009 (17): 151-152.

[75] 周江燕. 无形资产创造超额收益的经济学分析 [J]. 会计之友, 2011 (14): 45-47.

[76] 温丽琴,卢进勇,杨敏姣. 中国跨境电商物流企业国际竞争力的提升路径：基于ANP-TOPSIS模型的研究[J]. 经济问题, 2019 (9)：45-52.

[77] 胡园园,顾新,王涛. 基于网络层次分析法的知识链信任评估研究[J]. 情报科学, 2015, 33 (12)：40-45.

[78] 张苑秋,田军,冯耕中. 基于网络层次分析法的应急物资供应能力评价模型[J]. 管理学报, 2015, 12 (12)：1853-1859.

[79] 傅为忠,李宁馨. 基于ANP和GRAP组合的区域创新能力评价指标权重的最小偏差计算方法研究[J]. 软科学, 2015, 29 (11)：130-134.

[80] 程波,贾国柱. 改进AHP-BP神经网络算法研究：以建筑企业循环经济评价为例[J]. 管理评论, 2015, 27 (1)：36-47.

[81] 杨昱梅,李继娜. 基于AHP和BP神经网络的高校毕业生就业质量评价研究[J]. 中国教育学刊, 2015 (Suppl1)：148-149.

[82] 刘昭. 基于AHP和BP神经网络的高校辅导员岗位精准匹配系统研究与实现[D]. 天津：天津师范大学, 2019.

[83] 黄仕靖,陈国华,吴川徽,等. 基于改进AHP-BP神经网络的科研项目数据库评价指标模型构建[J]. 情报科学, 2020, 38 (1)：140-146.